ଦ୍ରଷ୍ଟା

ଦ୍ରଷ୍ଟା

(ଆନ୍ତର୍ଜାତିକ ସ୍ତରରେ ସର୍ବାଧିକ ବିକ୍ରୀତ
The Prophetର ଓଡ଼ିଆ ଅନୁବାଦ)

ଇଂରେଜୀ

ଖଲିଲ ଜିବ୍ରାନ

ଅନୁବାଦ

ମନୋରଂଜନ ପଟ୍ଟନାୟକ

ବ୍ଲାକ୍ ଇଗଲ୍ ବୁକ୍ସ

ଭୁବନେଶ୍ୱର, ଓଡ଼ିଶା

BLACK EAGLE BOOKS
Dublin, USA

ଦ୍ରଷ୍ଟା / ଖଲିଲ ଜିବ୍ରାନ

ଅନୁବାଦ: **ମନୋରଂଜନ ପଟ୍ଟନାୟକ**

ବ୍ଲାକ୍ ଈଗଲ୍ ବୁକ୍ସ : ଭୁବନେଶ୍ୱର, ଓଡ଼ିଶା • ଡବ୍‌ଲିନ୍, ଯୁକ୍ତରାଷ୍ଟ୍ର ଆମେରିକା

BLACK EAGLE BOOKS

USA address:
7464 Wisdom Lane
Dublin, OH 43016

India address:
E/312, Trident Galaxy, Kalinga Nagar,
Bhubaneswar-751003, Odisha, India

E-mail: info@blackeaglebooks.org
Website: www.blackeaglebooks.org

First International Edition Published by
BLACK EAGLE BOOKS, 2024

DRASTA
by Kahlil Gibran
Odia Translated by **Manoranjan Pattanayak**

Odia Translation Copyright © **Manoranjan Pattanayak**

All rights reserved. No part of this publication may be reproduced, stored in a retrieval system, or transmitted, in any form or by any means, electronic, mechanical, photocopying, recording or otherwise without the prior permission of the publisher.

Cover & Interior Design: Ezy's Publication

ISBN- 978-1-64560-532-4 (Paperback)

Printed in the United States of America

ଉତ୍ସର୍ଗ

ବାପା, ବୋଉଙ୍କ ସ୍ମୃତିରେ ଉତ୍ସର୍ଗୀକୃତ

-ବାବୁନି

ଭୂମିକା

ମଣିଷ ଜଣେ, ନାମ ଦୁଇଟା। ଚାଲିଛି ଯୁଗ ଯୁଗ ଧରି ସାରା ବିଶ୍ୱମୟ। ଗୋଟିଏ ସାଧାରଣ ଭୁଲ ଯୋଗୁ ଘଟିଛି ଏମିତି ଘଟଣା। ବାପା-ମା'ଙ୍କ ଦ୍ୱାରା ଦିଆଯାଇଥିବା ନାମ ଥିଲା ଖଲିଲ ଜିବ୍ରାନ ଆଉ ହୋଇଗଲେ କହ୍‌ଲିଲ ଜିବ୍ରାନ। ଆମେରିକାରେ ସ୍କୁଲରେ ଭର୍ତ୍ତି ସମୟରେ Khalil ର 'a' ଅକ୍ଷରଟିର ସ୍ଥାନ ଚ୍ୟୁତି କାରଣରୁ Khalil ହୋଇଯାଏ Kahlil। କେବଳ ଗୋଟିଏ ସ୍ଥାନ ବଦଳ ଫଳରେ ଏମିତି ଏକ ବିଭ୍ରାଟ। ଏହି ଲେବାନିଜ୍-ଆମେରିକାନ ଶିଳ୍ପୀ-କବି-ଲେଖକଙ୍କୁ ଆରବ ଦେଶର ଲୋକମାନେ ଜାଣିଲେ ଖଲିଲ ନାମରେ ଆଉ ପଶ୍ଚିମ ଦୁନିଆ ଚିହ୍ନିଲା କହ୍‌ଲିଲଙ୍କୁ। କିନ୍ତୁ ଯଦିଓ ଭାରତରେ ତାଙ୍କ ରଚନାଗୁଡ଼ିକ ଇଂରେଜୀରୁ ଅନୂଦିତ ହେଉଛି ଯେଉଁଥିରେ ତାଙ୍କ ନାମ କହ୍‌ଲିଲ ଜିବ୍ରାନ ବୋଲି ଲେଖା ଅଛି ତା ସତ୍ତ୍ୱେ କେହି କେହି ତାଙ୍କ ନାମକୁ ଖଲିଲ ଜିବ୍ରାନ ଲେଖୁଛନ୍ତି। ତେଣୁ କରି ଭାରତରେ ଉଭୟ ନାମ ପ୍ରଚଳିତ।

ଜିବ୍ରାନ (୬ ଜାନୁୟାରୀ ୧୮୮୩-୧୦ ଏପ୍ରିଲ ୧୯୩୧) ଲେବାନନର ବଶାରୀ ଗ୍ରାମରେ ଏକ ସ୍ୱଳ୍ପ ବିତ୍ତ ସମ୍ପନ୍ନ ମାରୋନାଇଟ ଖ୍ରୀଷ୍ଟିୟାନ ପରିବାରରେ ଜନ୍ମ ଗ୍ରହଣ କରିଥିଲେ। ସିଏ ଥିଲେ ତାଙ୍କ ମା' କାମିଲାଙ୍କର ଦ୍ୱିତୀୟ ସ୍ୱାମୀଙ୍କର ପ୍ରଥମ ସନ୍ତାନ।

ମା' କାମିଲା ଥିଲେ ଜଣେ ମାରୋନାଇଟ ପାଦ୍ରୀଙ୍କର କନ୍ୟା। ବିବାହ ପରେ ସିଏ ପ୍ରଥମ ସ୍ୱାମୀଙ୍କୁ ନେଇ ଚାଲିଯାନ୍ତି ବ୍ରାଜିଲ୍। ସେଠାରେ ଅସୁସ୍ଥ ହୋଇ ମୃତ୍ୟୁବରଣ କରନ୍ତି ସେହି ସ୍ୱାମୀ। ଶିଶୁ ପୁତ୍ର ପିଟରଙ୍କୁ ନେଇ କାମିଲା ଫେରିଆସନ୍ତି ପିତା ଷ୍ଟିଫେନ ରାହମିଙ୍କ ପାଖକୁ। ସେଠାରେ ପିତାଙ୍କ ସହିତ ରହିବା ସମୟରେ କାମିଲାର ଗୀତ ଶୁଣି ଜଣେ ଭଦ୍ରବ୍ୟକ୍ତି, ଯିଏ ପରବର୍ତ୍ତୀ ସମୟରେ ଜିବ୍ରାନଙ୍କର ପିତା ହୁଅନ୍ତି। ମୁଗ୍ଧତାରୁ ଭଲ ପାଇବା ଏବଂ ସେହି ଭଲପାଇବା ପରିଣତି ପାଏ ସେ ଦୁହିଁଙ୍କର

ବିବାହ ବନ୍ଧନ ମଧ୍ୟ ଦେଇ। ଆରବୀ ଓ ଫାର୍ସୀ ଭାଷା ଜାଣିଥିବା ଜନନୀ କାମିଲା ଗଭୀର ଭାବରେ ପ୍ରଭାବିତ ଜିବ୍ରାନଙ୍କର ସାହିତ୍ୟ-କର୍ମରେ। ମା'ଙ୍କ ପ୍ରତି ଜିବ୍ରାନଙ୍କର ଅନୁଭୂତି ବ୍ୟକ୍ତ ହୋଇଛି ତାଙ୍କ 'The Broken Wings' (ଭଙ୍ଗା ଡେଣା) ନାମରେ ଉପନ୍ୟାସରେ:

"ମା' ହିଁ ମୋ ଜୀବନର ସବୁ; ଆଉ ଦୁଃଖ ସମୟରେ ସିଏ ମୋ ସାନ୍ତ୍ୱନା, ନିରାଶାରେ ଆଶା ଆଉ ଦୁର୍ବଳ ମୁହୂର୍ତ୍ତରେ ମୋର ଶକ୍ତି, ସହାନୁଭୂତି, ଧୈର୍ଯ୍ୟଶୀଳତା ଓ ମମତାର ଝରଣାଧାରା ସିଏ। ଯିଏ ତାର ମା'କୁ ହରାଏ ସିଏ ହରାଏ ଏମିତି ଗୋଟିଏ ଛାତି, ଯେଉଁଠି ସିଏ ମୁଣ୍ଡ ରଖିପାରେ, ଏମିତି ଗୋଟିଏ ହାତ ଯିଏ ଆଶୀର୍ବାଦ ଦିଏ ଆଉ ଏମିତି ଗୋଟିଏ ଆଖି ତାକୁ ଦେଖିକରି ଭଲ ଭାବରେ ରଖେ।"

ସାବତ ଭାଇ ପିଟର୍ ଛଡ଼ା ମାରିୟାନା ଓ ସୁଲତାନା ନାମରେ ଜିବ୍ରାନଙ୍କର ଦୁଇଜଣ ଛୋଟ ଭଉଣୀ ଥିଲେ। ଶୈଶବରେ ଜିବ୍ରାନ ସେମାନଙ୍କ ସହିତ ଖେଳାଖେଳିରେ ଯୋଗ ଦେଉ ନ ଥିଲେ। କାରଣ ସିଏ ଚିତ୍ର ଆଙ୍କିବାକୁ ଭଲ ପାଉଥିଲେ। ହାତରେ କାଗଜ, କଲମ ନ ପାଇଲେ ଘର ବାହାରକୁ ଯାଇ ମାଟିରେ କିମ୍ବା ଶୀତଦିନରେ ବରଫ ଉପରେ ସିଏ ଚିତ୍ର ଆଙ୍କୁଥିଲେ। ଆଉ ତାଙ୍କର ଏହି ଚିତ୍ର ଆଙ୍କିବାକୁ ସମର୍ଥନ ଦେଉଥିଲେ ତାଙ୍କର ମା'। ଜିବ୍ରାନଙ୍କୁ ଯେତେବେଳେ ୫ବର୍ଷ, ସେତେବେଳେ ଲିଓନାର୍ଡ୍ରୋ ଡା ଭିନ୍ସି (Leonardo da vinci)ଙ୍କର କିଛି ବିଖ୍ୟାତ ଚିତ୍ରକଳାର ପରିଚୟ କରାଇ ଦିଅନ୍ତି ତାଙ୍କର ମା'। ସିଏ ନୂତନ ଭାବରେ ଚିତ୍ରାଙ୍କନର ପ୍ରେମରେ ପଡ଼ନ୍ତି। କିନ୍ତୁ ସେହି ବର୍ଷ ତାଙ୍କ ଜୀବନ ଆକସ୍ମିକ ଭାବରେ ବଦଳିଯାଏ। ତାଙ୍କ ପିତା କୌଣସି ଦୁର୍ନୀତିର ଅଭିଯୋଗରେ ଧରାପଡ଼ନ୍ତି (ଯଦିଓ ତାହା ଥିଲା ରାଜନୈତିକ ଷଡ଼ଯନ୍ତ୍ର) ଏବଂ ଜାବଜ୍ଜୀବନ କାରାଦଣ୍ଡରେ ଦଣ୍ଡିତ ହୁଅନ୍ତି। ତାଙ୍କର ସବୁ ସମ୍ପତ୍ତି ବାଜ୍ୟାପ୍ତ କରାଯାଏ। ସଂସାରର ଖର୍ଚ୍ଚ ଯୋଗାଇବାର ଦାୟିତ୍ୱ ତାଙ୍କ ମା' କାମିଲାଙ୍କର ହାତରେ, କିନ୍ତୁ ବିଶାରୀ ଗ୍ରାମରେ ମହିଳାମାନଙ୍କ ପାଇଁ କହିଲା ପରି କୌଣସି କାମ ନଥିଲା। ତେଣୁ ବାଧ୍ୟ ହୋଇ କାମିଲା ତାଙ୍କ ସନ୍ତାନ ସନ୍ତତିଙ୍କୁ ନେଇ ଯୁକ୍ତରାଷ୍ଟ୍ର ଆମେରିକାକୁ ଚାଲିଯାନ୍ତି। ଛୋଟ ଜିବ୍ରାନ ୧୮୯୫ ମସିହାରେ ତାଙ୍କ ମା', ସାବତଭାଇ ପିଟର ଓ ଦୁଇଜଣ ଛୋଟ ଭଉଣୀ ମାରିୟାନା ଏବଂ ସୁଲତାନାଙ୍କ ସହିତ ଆମେରିକାର ବୋଷ୍ଟନରେ ଯାଇ ରହନ୍ତି। ସେଠାରେ ତାଙ୍କ ମା' ସିଲାଇ କାମ କରି ଘର ଚଳାନ୍ତି।

ବୋଷ୍ଟନରେ ଜିବ୍ରାନ ବାଳକମାନଙ୍କର ପବ୍ଲିକ ସ୍କୁଲରେ ଅଢେଇ ବର୍ଷଯାଏଁ ଶିକ୍ଷା ପ୍ରାପ୍ତ କଲେ। ତଦୁପରାନ୍ତ ଏକ ନୈଶ୍ୟ ବିଦ୍ୟାଳୟରେ ବର୍ଷେଯାଏଁ ପଢ଼ିଲେ।

ତା'ପରେ ସିଏ ଆରବୀ ଭାଷାରେ ଉଚ୍ଚଶିକ୍ଷା ପାଇଁ ଲେବାନନକୁ ଚାଲିଗଲେ । ସେଠାରେ 'ମଦରସ୍ତୁଲ ହିକମତ' ନାମକ ଗୋଟିଏ ଉଚ୍ଚକୋଟିର ବିଦ୍ୟାଳୟରେ ଶିକ୍ଷାପ୍ରାପ୍ତ କଲେ । ଲେବାନରେ ଶିକ୍ଷା ଶେଷ କରି ୧୯୦୨ ମସିହାରେ ବୋଷ୍ଟନକୁ ଫେରି ଆସିଲେ ।

ସେହିବର୍ଷ ତାଙ୍କ ସାନ ଭଉଣୀ ସୁଲତାନା, ୧୯୦୩ ମସିହାରେ ସାବତଭାଇ ପିଟର ଏବଂ ତାର ତିନିମାସ ପରେ ତାଙ୍କ ମା' ଯକ୍ଷ୍ମା ରୋଗରେ ଆକ୍ରାନ୍ତ ହୋଇ ମୃତ୍ୟୁବରଣ କରନ୍ତି । ମା' ଓ ଭାଇ ଭଉଣୀଙ୍କର ଏହି ଆକସ୍ମିକ ମୃତ୍ୟୁ ଜିବ୍ରାନଙ୍କୁ ହତୋତ୍ସାହ କରି ଦେଇଥିଲା । ଭଉଣୀ ମାରିୟାନା ସିଲାଇ କରି ଘର ଚଳାଇବାକୁ ଚେଷ୍ଟା କରନ୍ତି । ସେହି ସମୟରେ ଜିବ୍ରାନ ବହି ମଲାଟ ଉପରର ଚିତ୍ର ଆଙ୍କି କିଛି ରୋଜଗାର କରନ୍ତି ।

୧୯୦୩ ମସିହାରେ ଜିବ୍ରାନଙ୍କର ଗୋଟିଏ ଚିତ୍ର ପ୍ରଦର୍ଶନୀ ଆୟୋଜିତ ହୋଇଥିଲା ବୋଷ୍ଟନ୍‌ର ଓ୍ବେଲସଲି କଲେଜ ହଲ୍‌ରେ । ଆମେରିକାନ ଯୁବତୀ ଜୋସେଫିନଙ୍କ ସହିତ ତାଙ୍କର ପରିଚୟ ହେଲା, ଯାହା ବନ୍ଧୁତାରେ ପରିଣତ ହେଲା । ପ୍ରଦର୍ଶନୀକୁ ଆସିଥିବା ଦର୍ଶକବୃନ୍ଦ ଜିବ୍ରାନଙ୍କର କ୍ୟାନ୍‌ଭାସରେ 'ଭୂମଧ୍ୟସାଗରୀୟ' ଅତୀନ୍ଦ୍ରିୟତା ଦେଖି ମୁଗ୍ଧ । ସେମାନେ ଥରେ ଜିବ୍ରାନଙ୍କର ହାତ ଛୁଇଁବାକୁ ଚାହୁଁଥିଲେ, କିନ୍ତୁ ଜିବ୍ରାନଙ୍କ ଆଖିରେ ଲୁହ । ମା'ଙ୍କ କଥା, ଭାଇର କଥା, ଭଉଣୀ ସୁଲତାନାର କଥା ମନେ ପଡ଼େ କେବଳ ।

ଜିବ୍ରାନଙ୍କର ପରର ଚିତ୍ର ପ୍ରଦର୍ଶନୀଟି ହୁଏ ୩ ମେ ୧୯୦୪ ମସିହାରେ । ସେହି ପ୍ରଦର୍ଶନୀକୁ ଆସିଥିଲେ ମେରୀ ଏଲିଜାବେଥ୍ ହାସକେଲ । ସ୍କୁଲର ଶିକ୍ଷୟତ୍ରୀ, ଗରିବ ଶିଳ୍ପୀମାନଙ୍କର ସାହାଯ୍ୟ କରନ୍ତି । ବୟସରେ ଜିବ୍ରାନଙ୍କଠାରୁ ଏଲିଜାବେଥ୍ ଥିଲେ ଦଶବର୍ଷ ବଡ଼ । ଲେବାନିଜ ତରୁଣଙ୍କୁ ଦେଖି ଆକୃଷ୍ଟ ହୁଅନ୍ତି ଏଲିଜାବେଥ୍ । କିନ୍ତୁ ସେ ଦୁହିଁଙ୍କ ମଧ୍ୟରେ ପ୍ରେମ ବେଶି ଦୂର ଆଗେଇ ପାରିଲାନି । କିନ୍ତୁ ଜିବ୍ରାନଙ୍କର କବି ଓ ଶିଳ୍ପୀ ହେବାରେ ମେରୀ ହାସକେଲଙ୍କର ବହୁତ ଅବଦାନ ରହିଛି । ପ୍ରଥମତଃ ଜିବ୍ରାନଙ୍କୁ ହାସକେଲ ଇଂରେଜୀରେ ଲେଖିବାକୁ ପରାମର୍ଶ ଦେଇଥିଲେ (ଯାହାପରେ ଜିବ୍ରାନ ଇଂରେଜୀରେ ଲେଖିବା ଆରମ୍ଭ କଲେ ଏବଂ ତାହା ତାଙ୍କ ମୃତ୍ୟୁ ପର୍ଯ୍ୟନ୍ତ ଚାଲୁ ରହିଥିଲା), ଆଉ ଦ୍ୱିତୀୟରେ ଜିବ୍ରାନଙ୍କୁ ପ୍ୟାରିସ୍ ଯାଇକରି ଚିତ୍ରକଳାରେ ଶିକ୍ଷାଲାଭ କରିବାକୁ କହିଥିଲେ । ହାସକେଲ୍‌ଙ୍କର ପୃଷ୍ଠପୋଷକତାରେ ଜିବ୍ରାନ ଚିତ୍ରକଳା ଶିକ୍ଷାପାଇଁ ପ୍ୟାରିସ୍ ଯାଇଥିଲେ ଏବଂ ୧୯୦୮-୧୯୧୦ ପର୍ଯ୍ୟନ୍ତ ପ୍ୟାରିସ୍‌ରେ ଚିତ୍ରକଳାରେ ଶିକ୍ଷାଲାଭ କରିଥିଲେ ।

ପ୍ୟାରିସ୍‌ରେ ଦୁଇବର୍ଷର ଅବସ୍ଥାନ ସମୟରେ ତାଙ୍କର ଆଧୁନିକ କବିତା,

ଚିତ୍ରକଳା ଓ ଭାସ୍କର୍ଯ୍ୟ ସହିତ ପରିଚୟ ଘଟେ। କିନ୍ତୁ କାର୍ଯ୍ୟ ମିଳିବାରେ ସମ୍ପୂର୍ଣ୍ଣ ବିଫଳ ହେବାରୁ ଜିବ୍ରାନ ବୋଷ୍ଟନକୁ ଫେରି ଆସନ୍ତି। କିନ୍ତୁ ପରେ ସିଏ ନ୍ୟୁଓ୍ୱର୍କରେ ବସତି ସ୍ଥାପନ କରନ୍ତି।

ଆମେରିକାକୁ ଫେରିଆସି ଜିବ୍ରାନ ସାହିତ୍ୟ ରଚନାରେ ବ୍ୟସ୍ତ ରହିଲେ। ସିଏ ଥିଲେ ଜଣେ ଦ୍ୱିଭାଷୀୟ କବି- ଆରବୀ ଓ ଇଂରେଜୀ ଭାଷାରେ। ଶିଳ୍ପୀ ଜୀବନର ଆରମ୍ଭରେ ଜିବ୍ରାନ ପ୍ରବନ୍ଧ ଓ କବିତା ଲେଖିଛନ୍ତି ଅବିରତ। ପଶ୍ଚିମ-ଚିନ୍ତାଧାରାରେ ପ୍ରଭାବିତ ହୋଇ ଆରବୀ ସାହିତ୍ୟର ଶୈଳୀରେ ଗୋଟିଏ ନୂତନ ଯୁଗର ସୂଚନା ଦିଅନ୍ତି ସିଏ। ଆରବୀୟ କବିମାନେ ସେମାନଙ୍କ କବିତାରେ ଅନାବଶ୍ୟକ ଭାବରେ ବ୍ୟବହାର କରୁଥିଲେ କଠିନ କଠିନ ଶବ୍ଦ, ଅଭିଧାନ ନ ଦେଖି ଯାହାର ଅର୍ଥ ବାହାର କରିବା ଥିଲା ଦୁରୁହ ଏବଂ ସେମାନେ ତାହା କରୁଥିଲେ ଅତି ସଚେତନ ଭାବରେ, ଆପଣା ପାଣ୍ଡିତ୍ୟ ଜାହିର କରିବା ଉଦ୍ଦେଶ୍ୟରେ। ଛୋଟ ଓ ସହଜ ଶବ୍ଦ, ଚିତ୍ରକଳ୍ପ ଏବଂ ଉପମା-ଉତ୍ପ୍ରେକ୍ଷାର ବ୍ୟବହାର ମାଧ୍ୟମରେ ଜିବ୍ରାନ ଆରବୀ କବିତାରେ ଏକ ନୂତନ ଦିଗନ୍ତ ଓ ନବଯୁଗର ସୂଚନା ଦିଅନ୍ତି। ଆଉ ଏହା ଫଳରେ ତାଙ୍କ ଦେଶର ତରୁଣ ପ୍ରଜନ୍ମର ମନରେ ସିଏ ଏକ ବିପ୍ଳବର ବୀଜ ବୁଣିବାରେ ସକ୍ଷମ ହୁଅନ୍ତି। ତାଙ୍କର ପ୍ରଥମ ପୁସ୍ତକ ଆରବୀ ଭାଷାରେ ପ୍ରକାଶ ପାଏ ୧୯୦୫ ମସିହାରେ।

ଆମେରିକାର ପ୍ରେସିଡେଣ୍ଟ ଜନ୍.ଏଫ୍.କେନେଡିଙ୍କର ଗୋଟିଏ ଉକ୍ତି ବିଭିନ୍ନ ପ୍ଲାକାର୍ଡ଼ରେ ଶୋଭାପାଏ- "ତୁମର ଦେଶ ତୁମ ପାଇଁ କଣ କରିବ ତାହା ପ୍ରଶ୍ନ କରନି, ବରଂ ପ୍ରଶ୍ନ କର ତୁମ ଦେଶ ପାଇଁ ତୁମେ କଣ କରିପାର।" କେନେଡ଼ିଙ୍କର ଏହି କଥା କହିବାର ୫୦ବର୍ଷ ଆଗରୁ ଆରବୀରେ ଲେଖା ଗୋଟିଏ ରଚନାରେ ଜିବ୍ରାନ ଏହି କଥା କହିଛନ୍ତି। "ନୂତନ ସୀମାନ୍ତ" ଶିରୋନାମାର ସେହି ଲେଖାରେ ଜିବ୍ରାନ ମଧ୍ୟପ୍ରାଚ୍ୟର ତାଙ୍କର ସ୍ୱଦେଶବାସୀଙ୍କ ଉଦ୍ଦେଶ୍ୟରେ ଯାହା ଲେଖିଥିଲେ ତାର ଅନ୍ତର୍ନିହିତ ତାତ୍ପର୍ଯ୍ୟ ଏହା ଯେ କୌଣସି ସମାଜ ପାଇଁ ଏବେ ଏତେଟିକେ ମ୍ଳାନ ହୁଅନି-ଆଜିର ମଧ୍ୟପ୍ରାଚ୍ୟରେ ଦୁଇଜଣ ମଣିଷ ଅଛନ୍ତି, ଜଣେ ଅତୀତର, ଅନ୍ୟଜଣକ ଭବିଷ୍ୟତର। ତୁମେ କେଉଁ ଦଳର? ଆଉ ପାଖକୁ ଆସ, ତୁମର ଚେହେରା ଓ ଆଚରଣ ଦେଖେ ନିଶ୍ଚିତ ହୋଇ; ଆଲୋକରୁ ଯେଉଁମାନେ ଆସିଛନ୍ତି ତୁମେ ସେମାନଙ୍କ ଭିତରୁ ଜଣେ, ନାକି ଯେଉଁମାନେ ଅନ୍ଧକାରକୁ ଯାଉଛନ୍ତି ସେମାନଙ୍କ ଭିତରୁ ଜଣେ? ମୋତେ ଆସି କରି କହ ତୁମେ କିଏ ଏବଂ କଣ କର? ଯଦି ତୁମେ ପ୍ରଥମ ମଣିଷ ହୁଅ ତାହେଲେ ତୁମେ ଜଣେ ପରଜୀବୀ, ଆଉ ଯଦି ଦ୍ୱିତୀୟ ମଣିଷ ହୁଅ, ତାହେଲେ ତୁମେ ମରୁଭୂମିରେ ଗୋଟିଏ ମରୁଦ୍ୟାନ।

୧୯୧୮ ମସିହାରୁ ତାଙ୍କର ପ୍ରଥମ ଇଂରେଜୀ ପୁସ୍ତକ The Madman (ପାଗଳ) ପ୍ରକାଶ ପାଇଲା। ତା'ପରଠାରୁ କ୍ରମାଗତ ତାଙ୍କର ଇଂରେଜୀରେ ଲେଖା ପୁସ୍ତକ ପ୍ରକାଶ ପାଇବାକୁ ଲାଗିଲା। ତାଙ୍କର ଇଂରେଜୀ ରଚନାଗୁଡ଼ିକ ମଧ୍ୟରେ The Prophet (ଦ୍ରଷ୍ଟା) ସବୁଠାରୁ ଜନପ୍ରିୟ ରଚନା। ୧୯୧୪ ମସିହାରେ ସିଏ The Prophet (ଦ୍ରଷ୍ଟା) ର ଲେଖା ଆରମ୍ଭ କଲେ। ଏହା ଶେଷ ହେବାକୁ ୫ବର୍ଷରୁ ଅଧିକ ଲାଗିଲା। କିନ୍ତୁ ଏହାକୁ ପ୍ରକାଶ କରିବାକୁ ନ ଦେଇ ୪ବର୍ଷ ଧରି ନିଜ ପାଖରେ ରଖିଲେ- କେବଳ ସାଇତି କରି ରଖିବା ପାଇଁ ନୁହେଁ। ସେହି ୪ବର୍ଷ ଭିତରେ ସିଏ ପାଣ୍ଡୁଲିପିଟିକୁ ବାରମ୍ବାର ପଢ଼ିଛନ୍ତି ଏବଂ ପ୍ରତ୍ୟେକ ଶବ୍ଦର ଗୁରୁତ୍ୱକୁ ହୃଦୟଙ୍ଗମ କରିବାକୁ ଚେଷ୍ଟା କରିଛନ୍ତି। ଏହି ପୁସ୍ତକଟିର ଲେଖା ଆରମ୍ଭ ହେଲା ୧୯୧୪ ମସିହାରେ ଏବଂ ପ୍ରକାଶିତ ହେଲା ୧୯୨୩ ମସିହାରେ। ଅର୍ଥାତ୍ ୯ ବର୍ଷରୁ ଊର୍ଦ୍ଧ୍ୱ ସମୟ ଲାଗିଗଲା। ଲେଖା ଆରମ୍ଭରୁ ନେଇ କରି ପ୍ରକାଶନ ପର୍ଯ୍ୟନ୍ତ।

ଇଂରେଜୀରେ ତାଙ୍କର ଅନେକଗୁଡ଼ିଏ ବହି ବାହାରେ ଯାହା ମଧ୍ୟରେ ଉଲ୍ଲେଖନୀୟ ଦୁଇଟି ବହି ହେଉଛି The Prophet (ଦ୍ରଷ୍ଟା) ଏବଂ Sand and Foam (ବାଲି ଓ ଫେଣ) ଯାହା ପ୍ରକାଶ ପାଏ ୧୯୨୬ ମସିହାରେ। ଯଦିଓ ଦୁଇଟିଯାକ ବହି ପାଠକପ୍ରିୟତା ଲାଭ କରିଛି, ତେବେ The Prophet (ଦ୍ରଷ୍ଟା) ପାଇଲି ବେଶି। ବହିଟି ପ୍ରକାଶିତ ହେବାଠାରୁ କୌଣସି ନା କୌଣସି ମୁଦ୍ରଣ ବଜାରରେ ରହିଛି, ଅର୍ଥାତ୍ ଏହି ୧୦୦ ବର୍ଷରେ ଏହା କେବେ ଦୁଷ୍ପ୍ରାପ୍ୟ ହୋଇନି। କୁହାଯାଏ ଶେକ୍ସପିୟ ଏବଂ ଚୀନ୍‌ର କବି ଲାଓ-ଜିଙ୍କ ପରେ ଜିବ୍ରାନ ହେଉଛନ୍ତି ତୃତୀୟ କବି ଯାହାର ବହି ସବୁଠାରୁ ବେଶି ବିକ୍ରୀ ହୋଇଛି। ଅବଶ୍ୟ କବି ବା ଛୋଟ ଗଳ୍ପଲେଖକ ଛଡ଼ା ଜିବ୍ରାନ ଥିଲେ ଉଚ୍ଚକୋଟୀର ଜଣେ ଚିତ୍ରଶିଳ୍ପୀ ଏବଂ ଭାସ୍କର। ଚିତ୍ରାଙ୍କନ ଥିଲା ତାଙ୍କର ଖୁବ୍ ଜବରଦସ୍ତ। The Prophet (ଦ୍ରଷ୍ଟା)ର ବେଶି ଭାଗ ସଂସ୍କରଣରେ ତାଙ୍କ ଅଙ୍କା ଅନେକଗୁଡ଼ିଏ ଚିତ୍ର ଦେଖାଯାଏ।

ଜିବ୍ରାନଙ୍କର ଗଦ୍ୟ-କବିତା, ବିଶେଷକରି The Prophet (ଦ୍ରଷ୍ଟା) କାହିଁକି ଏତେ ଜନପ୍ରିୟ, ତାକୁ ନେଇ ଅନେକ ଲେଖା ଲେଖାଯାଇଛି। ସେଗୁଡ଼ିକର ସାରାଂଶକୁ ଲକ୍ଷ୍ୟକଲେ ଜଣାପଡ଼େ: ଜିବ୍ରାନ ବାଇବେଲର ଭାଷା ବ୍ୟଞ୍ଜନାରେ ଆଧୁନିକ ମଣିଷର ଚିତ୍ତର ଦୁଃଖକୁ ଲାଘବ କରିବା ପାଇଁ ଚାହିଁଛନ୍ତି। ତାଙ୍କ ଭାଷାରେ ଥିଲା ଧ୍ରୁପଦୀ ଓ ପ୍ରାଚୀନ ରୀତିର ସମୃଦ୍ଧି, କିନ୍ତୁ ଏକାସାଙ୍ଗରେ ଅନ୍ତରଂଗତା ଓ ସାରଲ୍ୟ। ଆଧ୍ୟାତ୍ମିକ ଓ ମରମୀ ଚିନ୍ତାରେ ସମୃଦ୍ଧ ତାଙ୍କର ଭାବନାରେ ମଣିଷର କିଛି ମୌଳିକ ସଂକଟର ସମାଧାନ ରହିଛି। ଏହିସବୁ ସମାଧାନ ପ୍ରକୃତରେ ମଣିଷ ନିଜେ ଖୋଜି ନେଇପାରେ,

କିନ୍ତୁ ଜିବ୍ରାନଙ୍କର The Prophet (ଦ୍ରଷ୍ଟା) ମଣିଷକୁ ଖାଲି ଟିକିଏ ସାହାଯ୍ୟ କରନ୍ତି। ଏହି ସାହାଯ୍ୟଟା ଅବଶ୍ୟ ଆତ୍ମାର ଏବଂ ହୃଦୟର ଜାଗରଣରେ ଗୋଟିଏ ଭୂମିକା ରଖେ। The Prophet (ଦ୍ରଷ୍ଟା)ରେ ଅଠାଇଶଟି ଗଦ୍ୟ-କାବ୍ୟ ରଚନାରେ ବିଚିତ୍ର ସବୁ ବିଷୟରେ ଜିବ୍ରାନଙ୍କର ଭାବନା ବିସ୍ତୃତ। ଏହି ବହିର ଜନପ୍ରିୟତା ଗୋଟିଏ କାରଣ, ମଧ୍ୟପ୍ରାଚ୍ୟର ଭୂଗୋଳ, ଜଳବାୟୁ, ନିସର୍ଗ, ବୃକ୍ଷ-ପ୍ରାନ୍ତର ଇତ୍ୟାଦିର ସହଜ ବ୍ୟବହାର। ଜିବ୍ରାନଙ୍କର ଚିତ୍ରକଳ୍ପର ଅସାଧାରଣତ୍ୱର ପଛରେ ଅଛି ଜଣେ ଚିତ୍ରଶିଳ୍ପୀର ନିବିଷ୍ଟ ଦୃଷ୍ଟିର ପ୍ରତିଫଳନ।

ଜିବ୍ରାନଙ୍କର ଗୋଟିଏ ବିଖ୍ୟାତ ଟ୍ରିଲଜି (trilogy) ରହିଛି, ଯାହା ବିଶ୍ୱ-ସାହିତ୍ୟରେ ସର୍ବଜନ ସମାଦୃତ। ଟ୍ରିଲଜିର ପ୍ରଥମଟି ହେଲା The Prophet ଦ୍ୱିତୀୟଟି ହେଲା The Prophet ଏବଂ ତୃତୀୟଟି ହେଲା The Death of the Prophet।

The Prophetରେ ପ୍ରାସଙ୍ଗିକ ବିଷୟ ହେଲା- ଜୀବନ-ଦର୍ଶନ, The Garden of the Prophet ର ବିଷୟ ହେଲା- ମଣିଷ ସହିତ ପ୍ରକୃତିର ସଂସ୍ରବ ଏବଂ The Death of the Prophet ର ପ୍ରାସଙ୍ଗିକ ବିଷୟ ହେଲା- ବିଧାତାଙ୍କ ସହିତ ମଣିଷର ଅନୁସଙ୍ଗ।

ପ୍ରେମର ଅସଫଳତା ତାଙ୍କ ହୃଦୟକୁ ଏତେ ବ୍ୟଥିତ କଲା ଯେ ତାହା ଏକ କୂପରେ ପରିଣତ ହେଲା ଏବଂ ପୁଣିଥରେ ଏଥିରେ କରୁଣା ଭରିଗଲା- ଖାଲି ମାନବଜାତି ଲାଗି ନୁହଁ, ପୂରା ସୃଷ୍ଟି ପାଇଁ। ସେଥିଲାଗି ତ ତାଙ୍କ ଶବ୍ଦ ଏତେ ଚମତ୍କାରୀ ଏବଂ ସମର୍ଥ ମନେ ହୁଏ, ଯେମିତି ସେଗୁଡ଼ିକ ଶବ୍ଦ ନୁହଁ, ଗୋଟିଏ ଗୋଟିଏ ଆତ୍ମା ଆଉ ଆମ ଆଡ଼କୁ ଦେଖୁଛନ୍ତି। ଏତେ ପ୍ରାଣବନ୍ତ ଶବ୍ଦ ଯେ ପ୍ରତ୍ୟେକ ଶବ୍ଦ ନିଜ ଭିତରେ ଗୋଟିଏ ବ୍ରହ୍ମାଣ୍ଡ ସମେଟି କରି ରଖିଛି ଯେମିତି। ଆଉ ସିଏ, ଯାହାର ଆତ୍ମା ପୂର୍ଣ୍ଣତଃ ନିଷ୍କଲୁଷ ଏବଂ ନିଷ୍ପାପ ହୋଇଯାଏ, କିଛି ନ ଦେଖିବା ଭଳି ମାନବ ଶରୀର ବି ତାଙ୍କ ପାଇଁ ସୃଷ୍ଟିର ଅନ୍ୟ ଜୀବଙ୍କ ଶରୀର ପରି ହୋଇଯାଏ- ନିଜ ସ୍ୱରୂପରେ ସୁନ୍ଦର ପବିତ୍ର।

The Prophet (ଦ୍ରଷ୍ଟା)ର ରୂପରେଖା ଏହି ପ୍ରକାରର। ଆଲମୁସ୍ତାଫା (ଦ୍ରଷ୍ଟା) କୌଣସି ଦୂରସ୍ଥ ଛୋଟ ଦ୍ୱୀପର ଆର୍ଫାଲିଜ ସହରକୁ ଆସିଲେ ଏବଂ ସେଠାରେ ୧୨ବର୍ଷ ରହିଲେ। ସିଏ ଥିଲେ ଜଣେ ଜ୍ଞାନୀ ପୁରୁଷ ଏବଂ ଲୋକମାନଙ୍କର ଜୀବନ, ବ୍ୟବହାର, କାର୍ଯ୍ୟକଳ୍ପନା ତଥା ସମସ୍ୟାସମୂହକୁ ଭଲଭାବରେ ବୁଝିଥିଲେ। ସହରର ସବୁ ଲୋକମାନେ ତାଙ୍କୁ ଆଦର କରୁଥିଲେ। ସେହି ସହରରେ ଜଣେ ସାଧ୍ୱୀ ରହୁଥିଲେ, ଯାହାଙ୍କର ନାମ ଥିଲା ଆଲମିତ୍ରା। ସିଏ ତାଙ୍କ ସମ୍ପର୍କରେ ପ୍ରଥମେ

ଆସିଥିଲେ ଏବଂ ତାଙ୍କ ପ୍ରତିଭାକୁ ଚିହ୍ନିଥିଲେ। ୧୨ବର୍ଷ ପରେ ତାଙ୍କୁ ନିଜ ଦେଶକୁ ଫେରାଇ ନେବା ପାଇଁ ଗୋଟିଏ ଜାହାଜ ଆସିଲା ଏବଂ ସିଏ ଯିବାକୁ ପ୍ରସ୍ତୁତ ହେଲେ। ଯେତେବେଳେ ଲୋକମାନେ ଏକଥା ଜାଣିଲେ ସେତେବେଳେ ସେମାନେ ସାରା କାମ ଛାଡ଼ି ଦେଇ ତାଙ୍କ ପାଖକୁ ଆସିଲେ ଆଉ ସେମାନେ ବହୁତ ଉଦାସ ଥିଲେ। ସେମାନେ ତାଙ୍କ ପାଖରେ ଗୋଟିଏ ମନ୍ଦିର ଆଗରେ ଥିବା ଚବୁତରା ନିକଟରେ ଏକତ୍ରିତ ହେଲେ। ସେମାନେ ଆଗ୍ରହ କଲେ ଯେ ଯିବା ପୂର୍ବରୁ ସିଏ ସେମାନଙ୍କୁ କିଛି ଜ୍ଞାନର କଥା କହନ୍ତୁ କାହିଁକି ନା ସିଏ ୧୨ ବର୍ଷ ହେଲା ସେମାନଙ୍କ ସହିତ ରହି ସେମାନଙ୍କର ସୁଖ, ଦୁଃଖ ତଥା ସବୁ କାମକୁ ଦେଖିଛନ୍ତି। ଏହି ଆଗ୍ରହ ଯୋଗୁ ସିଏ ଯିବା ପୂର୍ବରୁ ଯେଉଁ ପ୍ରବଚନ ଦେଲେ, ତାହା ହିଁ ଏହି ପୁସ୍ତକର ବିଷୟବସ୍ତୁ।

ପ୍ରାଚ୍ୟର ଓ ମଧ୍ୟପ୍ରାଚ୍ୟର ଦର୍ଶନର ଅପୂର୍ବ ସମନ୍ୱୟରେ ଏହି ଗ୍ରନ୍ଥଟି ସମୃଦ୍ଧ। ଏହା ଏକ ଅଭିରୁଚି ସମ୍ପନ୍ନ (Classic) ଗ୍ରନ୍ଥର ମାନ୍ୟତାପ୍ରାପ୍ତ। ଶ୍ରୀମଦ୍ ଭଗବଦ୍ ଗୀତା ଓ ଉପନିଷଦୀୟ ଚିନ୍ତାଧାରାର ଅପୂର୍ବ ସମନ୍ୱୟରେ ଏହା ପରିପୁଷ୍ଟ।

ଜିବ୍ରାନଙ୍କର The Prophet (ଦ୍ରଷ୍ଟା) ସହିତ ରବୀନ୍ଦ୍ରନାଥ ଟାଗୋରଙ୍କର The Song of Offerings (ଗୀତାଂଜଳି)ର ତୁଳନା କରିଛନ୍ତି ନୋବେଲ ବିଜୟୀ ଫରାସୀ ସାହିତ୍ୟିକ ଆଁନ୍ଦ୍ରେଜିଦ୍। ସିଏ କହିଛନ୍ତି 'ଗୀତାଂଜଳି'ର ପ୍ରାଚ୍ୟ ଏତେ ମଧୁର ସ୍ୱରରେ ଆଉ କେବେ କଥା କହିନି। ଗୀତାଂଜଳି (୧୯୧୩) ଓ ଦ୍ରଷ୍ଟା (୧୯୨୩), ଏହି ଦୁଇଟି କାବ୍ୟଗ୍ରନ୍ଥ ପ୍ରକାଶିତ ହୋଇଛି ଏକ ଯୁଗର ବ୍ୟବଧାନରେ। ଏହି ସମୟର ମଝିରେ ଜଗତ୍‌ବିଖ୍ୟାତ ଦୁଇଜଣଯାକ କବିଙ୍କର ଦେଖା ହୋଇଛି ଏକାଧିକବାର। ସେମାନଙ୍କର ସାକ୍ଷାତକାର ସମ୍ପର୍କରେ ଜିବ୍ରାନ କହନ୍ତି, "ରବୀନ୍ଦ୍ରନାଥ ଟାଗୋରଙ୍କ ସହିତ ମୋର ଦେଖା ହୋଇଛି। ସିଏ ମୋତେ ତାଙ୍କର କେତୋଟି କବିତା ପଢ଼ିକରି ଶୁଣାଇଛନ୍ତି।",

ଜିବ୍ରାନଙ୍କର ଜୀବନୀକାରଙ୍କ ଲେଖାରୁ ଜଣାଯାଏ, ପ୍ରାଚ୍ୟ ଓ ପାଶ୍ଚାତ୍ୟ ଦର୍ଶନ ନେଇ ସେମାନଙ୍କ ମଧ୍ୟରେ ଦୀର୍ଘ ଆଲୋଚନା ଓ ମତ ବିନିମୟ ହୋଇଛି।

ଜିବ୍ରାନଙ୍କର ଏହି ପ୍ରସିଦ୍ଧ ପୁସ୍ତକଟିର ବିଷୟବସ୍ତୁ ଯାହା ପ୍ରଶ୍ନ-ଉତ୍ତର ଛଳରେ ୨୬ଟି ଗଦ୍ୟ-କବିତା (କାବ୍ୟିକ-ପ୍ରବନ୍ଧ) ମଧ୍ୟ ଦେଇ ଗଢ଼ି ଉଠିଛି। ତାହା ପ୍ରକାଶ ପାଇବା ଏବେ ଶହେ ବର୍ଷ ପୂର୍ଣ୍ଣ ହେଲା। ରେକର୍ଡ଼ ଅନୁସାରେ ୧୯୨୩ ମସିହାରେ ଯୁକ୍ତରାଷ୍ଟ୍ର ଆମେରିକାରେ ପ୍ରଥମ ପ୍ରକାଶନ ପରେ ୨୦୧୨ ମସିହା ପର୍ଯ୍ୟନ୍ତ (୮୯ ବର୍ଷରେ) ଇଂରେଜୀ ବହିର ୯୦ ଲକ୍ଷ କପି ବିକ୍ରୀ ହୋଇଛି। ଏହି ବହିଟିର ଅନୁବାଦ

୧୦୮ ଭାଷାରେ କରାଯାଇଛି। ୯୫ ବର୍ଷର ଇତିହାସରେ ୨୦୧୮ ମସିହା ପର୍ଯ୍ୟନ୍ତ ଇଂରେଜୀ ବହିର ୧୮୮ଟି ମୁଦ୍ରଣ ହୋଇ ସାରିଛି।

ଦୀର୍ଘ ଜୀବନ ପାଇ ନ ଥିଲେ ଜିବ୍ରାନ। ମାତ୍ର ୪୮ ବର୍ଷ ବୟସରେ ୧୯୩୧ ମସିହାରେ ସିଏ ପରଲୋକ ଗମନ କରନ୍ତି। ତାଙ୍କର ମର ଶରୀରକୁ ଲେବାନନ୍‌କୁ ନିଆଯାଏ। ସମାଧିସ୍ଥ କରାଯାଏ ଯଥାଯୋଗ୍ୟ ରାଷ୍ଟ୍ରୀୟ ସମ୍ମାନ ସହିତ। ଲେବାନନ୍‌ର ବିଭିନ୍ନ ଅଞ୍ଚଳରୁ ଲକ୍ଷ ଲକ୍ଷ ଲୋକ ଆସି କବିଙ୍କର ମରଦେହକୁ ଶେଷଥର ଶ୍ରଦ୍ଧାଞ୍ଜଳି ଜଣାଇବା ପାଇଁ ଭିଡ଼ କରନ୍ତି।

ଏହି ପୁସ୍ତକ The Prophet ର ଓଡ଼ିଆ ଅନୁବାଦ 'ଦ୍ରଷ୍ଟା'କୁ ଓଡ଼ିଶାର ସୁଧୀ ପାଠକ-ପାଠିକାବର୍ଗ ପସନ୍ଦ କରିବେ ବୋଲି ଆଶା ଓ ବିଶ୍ୱାସ।

ଅନୁବାଦକ

ସୂଚିପତ୍ର

ଜାହାଜର ଆଗମନ	୧୭
ପ୍ରେମ	୨୩
ବିବାହ	୨୭
ସନ୍ତାନସନ୍ତତି	୨୯
ଦାନ	୩୧
ଖାଦ୍ୟପେୟ	୩୫
କର୍ମ	୩୭
ଆନନ୍ଦ ଓ ବିଷାଦ	୪୦
ବାସଗୃହ	୪୨
ପୋଷାକ	୪୫
କ୍ରୟ ଓ ବିକ୍ରୟ	୪୬
ଅପରାଧ ଓ ଶାସ୍ତି	୪୯
ଆଇନ୍	୫୩
ସ୍ୱାଧୀନତା	୫୫
ଯୁକ୍ତି ଓ ଆବେଗ	୫୭
ଯନ୍ତ୍ରଣା	୫୯
ଆତ୍ମଜ୍ଞାନ	୬୧
ଶିକ୍ଷାଦାନ	୬୩
ବନ୍ଧୁତ୍ୱ	୬୪
କଥାବାର୍ତ୍ତା	୬୬
ସମୟ	୬୮
ଭଲ ଓ ମନ୍ଦ	୬୯
ପ୍ରାର୍ଥନା	୭୨
ଆନନ୍ଦ	୭୫
ସୌନ୍ଦର୍ଯ୍ୟ	୭୮
ଧର୍ମ	୮୦
ମୃତ୍ୟୁ	୮୨
ବିଦାୟ	୮୫

ଜାହାଜର ଆଗମନ

ସମସ୍ତଙ୍କର ପ୍ରିୟ ଆଲ୍‌ମୁସ୍ତାଫା ଆର୍ଫାଲିଜ୍ ସହରରେ ବାରବର୍ଷ ଧରି ଅପେକ୍ଷା କରି ରହିଛନ୍ତି, କେବେ ସ୍ୱଦେଶକୁ ଫେରିଯିବାର ଜାହାଜ ଘାଟରେ ଲାଗିବ।

ଆଜିକୁ ଠିକ୍ ୧୨ବର୍ଷ ୭ଦିନ, ଇଲୁଲ୍ ମାସରେ ଗଛର ଫଳମୂଳ ପୁଷ୍ଟ ହୋଇଛି। ମୁସ୍ତାଫା ପାହାଡ଼କୁ ଚଢ଼ି ସାଗର ଆଡ଼େ ଚାହିଁଲେ, ଦୂରରେ କୁୟାଶାର ଅସ୍ପଷ୍ଟତାରେ ଗୋଟିଏ ଜାହାଜ ଦେଖାଯାଉଛି।

ତାଙ୍କ ହୃଦୟ ଆନନ୍ଦରେ ନାଚି ଉଠିଲା, ସେହି ଆନନ୍ଦ ଖେଳିଗଲା ସମଗ୍ର ସାଗରରେ। ଆଖି ବୁଜି କରି ମୁସ୍ତଫା ଶାନ୍ତ ମନରେ ପ୍ରାର୍ଥନାରେ ଅବନତ ହେଲେ।

କିନ୍ତୁ ପାହାଡ଼ରୁ ଓହ୍ଲାଉ ଓହ୍ଲାଉ ଗୋଟିଏ ଦୁଃଖବୋଧ ତାଙ୍କୁ ଜାବୁଡ଼ି ଧରିଲା। ସିଏ ଭାବିଲେ:

କେମିତି ଆନନ୍ଦ ମନରେ ଏହି ଜାଗାକୁ ଛାଡ଼ିକରି ଯିବି ? ନା, ଏହି ସହରକୁ ଛାଡ଼ିଯିବାର ମୋତେ କଷ୍ଟ ହେବ। ହୃଦୟ ଭାରାକ୍ରାନ୍ତ ହେବ।

ଏହି ସହରରେ ମୁଁ କେତେ ବେଦନାର ଦୀର୍ଘଦିନ, ଏକାକୀତ୍ୱର ଦୀର୍ଘ ରାତ୍ରି କାଟିଛି, କେମିତି ବିନା ବେଦନା ଏବଂ ବିନା ଦୁଃଖରେ କେହି କଣ ଛାଡ଼ି ଯାଇପାରେ ?

ଏହି ସହରର ବାଟଘାଟରେ ମୋର ଅସ୍ତିତ୍ୱର ଖଣ୍ଡଗୁଡ଼ିକ ରହିବ। କେତେ ଚାହିଁବା-ପାଇବାର ଇଚ୍ଛାସବୁ ଏହି ପାହାଡ଼ ଦେହରେ ଜଡ଼ିତ। ବେଦନାହୀନ ଭାବରେ ସେମାନଙ୍କୁ ଛାଡ଼ିଯାଇ କଣ କରିବି ?

ଏହା ତ ଆଉ ମୋର ପୋଷାକ ନୁହେଁ ଯେ ଖୋଲି ଦେବି, ଏହା ତ ମୋର ତ୍ୱଚା। ନିଜ ହାତରେ ଏବେ ଏହାକୁ ଟାଣି କରି ଛିଣ୍ଡାଇବାକୁ ହେବ।

ଗୋଟିଏ ସାଧାରଣ ଭାବନାକୁ ପଛରେ ପକେଇ ଦେଇ ଯିବି, ଏହା ତ

ତାହା ନୁହେଁ। କ୍ଷୁଧା ଓ ତୃଷ୍ଣାରେ ମଧୁମୟ ହୋଇ ରହିଥିବା ଏହା ଏକ ହୃଦୟ।

ତେବେ ଆଉ ଡେରି କରି ହେବନି। ଯେଉଁ ସାଗର ସମସ୍ତଙ୍କୁ ଡାକି ଡାକି ନିଏ, ସିଏ ମୋତେ ଡାକିଛି। ମୋତେ ଯିବାକୁ ହେବ। ରହିବାର ଅର୍ଥ ହେଲା ସ୍ଥିର ହୋଇଯିବା, ନିର୍ଜୀବ ଛାଞ୍ଚ ଭିତରେ ବନ୍ଧା ହୋଇ ରହିଯିବା।

ଏଠିକାର ସବୁକିଛି, ମୁଁ ଆନନ୍ଦରେ ନେଇ ଯିବି। କିନ୍ତୁ କଣ କରିବି ? ଜିହ୍ୱା ଓ ଓଷ୍ଠରୁ ପକ୍ଷୀ ପରି ଉଡ଼ି ଯାଉଥିବା ଶବ୍ଦ କେବେ ବି ତାକୁ ନିଜ ସହ ବହନ କରି ନେଇଯାଇ ପାରିବନି। ଏକାକୀ ହିଁ ତାକୁ ଆକାଶ ମାର୍ଗର ସନ୍ଧାନ କରିବାକୁ ହେବ।

ଦେଖ, ନୀଡ଼ ଛାଡ଼ି ଈଗଲ୍ ଏକା ଉଡ଼େ ସୂର୍ଯ୍ୟଙ୍କ ଆଡ଼େ।

ପାହାଡ଼ର ତଳକୁ ଓହ୍ଲାଇ କରି ପୁଣଇ ଥରେ ସାଗରଆଡ଼କୁ ଫେରି କରି ଚାହିଁଲେ ମୁସ୍ତାଫା।

ଦେଖିଲେ ବନ୍ଦରରେ ଲାଗିଛି ତାଙ୍କର ଜାହାଜ ଆଉ ଜାହାଜର ଡେକ୍‌ରେ ଠିଆ ହୋଇଛନ୍ତି ତାଙ୍କ ନିଜ ଦେଶର ନାବିକଗଣ।

ମୁସ୍ତାଫାଙ୍କ ଅନ୍ତର ସେମାନଙ୍କ ପ୍ରତି ଚିତ୍କାର କରି ଉଠିଲା:

ମୋର ସେହି ଚିରନ୍ତନୀ ମାଆର ସନ୍ତାନ ତୁମ୍ଭେମାନେ। ଢେଉର ଯାତ୍ରୀ ତୁମ୍ଭେମାନେ। ତୁମ୍ଭେମାନେ ଆସିଯାଇଛ। କେତେଥର ମୁଁ ତୁମ୍ଭମାନଙ୍କୁ ସ୍ୱପ୍ନରେ ଭାସି ଆସିବାର ଦେଖିଛି। ଆଜି ମୋର ଜାଗୃତିରେ-ମୋର ଗଭୀରତମ ସ୍ୱପ୍ନରେ- ତୁମ୍ଭେମାନେ ଆସିଛ।

ତୁମ୍ଭମାନଙ୍କର ସହିତ ଯିବାପାଇଁ ମୁଁ ପ୍ରସ୍ତୁତ ହୋଇ ରହିଛି। ମୋ ଉତ୍କଣ୍ଠାର ମୁକ୍ତ ପାଲ ପବନର ଅପେକ୍ଷାରେ ଅଛି। ଖାଲି ଆଉ ଗୋଟିଏ ଥର ଏହି ରୁଦ୍ଧ ପବନର ପ୍ରଶ୍ୱାସ ନେବି। ଶ୍ରଦ୍ଧାନତ ଚକ୍ଷୁରେ ଥରେ ମାତ୍ର ପଛକୁ ଫେରିକରି ଚାହିଁବି। ତା'ପରେ ତୁମ୍ଭମାନଙ୍କର ସହିତ ଠିଆ ହୋଇ କରି ଯିବି ସମୁଦ୍ରଚାରୀଙ୍କ ପରି।

ଆଉ ତୁମେ, ହେ ମହାସାଗର, ନିଦ୍ରାନିମଜ୍ଜିତା ମାଆ ମୋର, ତୁମେ ନିଜେ ହିଁ ଶତ ନଦୀଧାରର ମୁକ୍ତି ଓ ଶାନ୍ତି। ତୁମକୁ ଭେଟିବା ପାଇଁ କେବଳ ଗୋଟିଏ ମୋଡ଼ ହିଁ ବାକି। ଏପାଖରେ ବନବିଲ ଭିତରେ ଥରେ ମାତ୍ର ମର୍ମର ଧ୍ୱନି ତୋଳିବାର ବାକି ଅଛି। ତା'ପରେ ମୁଁ ଆସିବି ତୁମ ପାଖକୁ, ସୀମାହୀନ ସେହି ଜଳକଣା ପରି ଅସୀମ ଏହି ସାଗରର ବୁକୁକୁ।

ବାଟରେ ଯାଉ ଯାଉ ମୁସ୍ତଫା ଦେଖିବାକୁ ପାଇଲେ ଯେ ଶସ୍ୟକ୍ଷେତ୍ର ଓ ଦ୍ରାକ୍ଷା-ଉଦ୍ୟାନକୁ ଛାଡ଼ି ଦଳ ଦଳ ନାରୀ ପୁରୁଷ ସହର ଆଡ଼କୁ ଦ୍ରୁତ ବେଗରେ ଫେରୁଛନ୍ତି।

ସିଏ ଶୁଣି ପାରିଲେ ସେମାନେ ତାଙ୍କ ନାଆଁ ଧରି ଡାକୁଛନ୍ତି। କ୍ଷେତରୁ କ୍ଷେତ ସମସ୍ତଙ୍କୁ ଡାକି କହୁଛନ୍ତି ସେମାନେ ଜାହାଜର ଆଗମନ କଥା।

ଆଉ ସିଏ ନିଜକୁ କହିଲେ:

ଏହି ବିଦାୟ ଦିନଟି କଣ ମଣିଷଙ୍କର ଭିଡ଼ବସିବାର ଦିବସରେ ପରିଣତ ହେବ? ମୋର ସନ୍ଧ୍ୟା ଯେ ଯଥାର୍ଥରେ ମୋର ଉଷା-କାଳରେ ପରିଣତ ହେଲା ଏହି କଥା କଣ କୁହାଯାଇ ପାରିବ?

ଆଉ ସେମାନଙ୍କୁ ମୁଁ କଣ ଦେଇ କରି ଯିବି, ଯେଉଁମାନେ କିଆରୀ ମଝିରେ ଲଙ୍ଗଳ ଛାଡ଼ି, ମଦ୍ୟନିଷ୍କସନ-ଯନ୍ତ୍ରର ଅଧାକାମ ପକାଇ ଦେଇ ମୋ ପାଖକୁ ଧାଇଁ ଆସିଛନ୍ତି?

ମୋର ହୃଦୟ କଣ ଏମିତି ଗୋଟିଏ ଫଳଭରା ବୃକ୍ଷ ହୋଇ ପାରିବ, ଯାହାର ଫଳ ମୁଁ ସେମାନଙ୍କୁ ବାଣ୍ଟିଦେଇ ପାରିବି?

ଆଉ ମୋର ଇଚ୍ଛାସମୂହ ଗୋଟିଏ ଝରଣା ପରି ବହିଯାଇ ସେମାନଙ୍କର ପାତ୍ରଗୁଡ଼ିକୁ ପୂର୍ଣ୍ଣ କରି ଦେବ?

ମୁଁ କଣ ବୀଣା ହୋଇ ପାରିବି? ତାଙ୍କ ହାତର ସ୍ପର୍ଶ ପାଇବି ବୋଲି କଣ ହୋଇପାରିବି ସେହି ବଂଶୀ ଯାହା ଭିତରକୁ ସେମାନଙ୍କର ଶ୍ୱାସ ଆସି ସୃଷ୍ଟି କରିବ ସ୍ୱର?

ମୁଁ ତ ନିଭୃତଚାରୀ, ଜଣେ ସତ୍ୟାନ୍ୱେଷୀ। ନିର୍ଜନତାରୁ ଯେଉଁ ଧନ ମୁଁ ପାଇଛି ତାହା କଣ ଆତ୍ମବିଶ୍ୱାସ ନେଇ ସେମାନଙ୍କ ଭିତରଦେଇ ଯାଇପାରିବ?

ଆଜି ଯେବେ ମୋର ଫସଲ କାଟିବାର ଦିନ ହୁଏ ତେବେ କେଉଁ କ୍ଷେତରେ କେଉଁ ବିସ୍ମୃତ ଋତୁରେ ତାର ବୀଜ ମୁଁ ବୁଣିଥିଲି?

ପ୍ରକୃତରେ ଯଦି ମୋର ପ୍ରଦୀପଟିକୁ ଉଠାଇବାର ସମୟ ଆସି ପହଞ୍ଚିଛି, ତେବେ ଏହା ନିଶ୍ଚିତ ଯେ ପ୍ରଦୀପରେ ଜଳିବା ଭଳି ଜ୍ୟୋତି ମୋ ଭିତରେ ନାହିଁ।

ନିଜର ଶୂନ୍ୟ ଓ ଅଜଳା ପ୍ରଦୀପଟିକୁ ମୁଁ ଆଜି ଉପରକୁ ଉଠାଇବି। ଆଉ ଅନ୍ଧକାରର ତ୍ରାତା ତାକୁ ତୈଳପୂର୍ଣ୍ଣ କରିବେ ଏବଂ ପ୍ରଜ୍ଜ୍ୱଳିତ କରିବେ।

ଏହି ଭାବନାଗୁଡ଼ିକୁ ସିଏ ଶବ୍ଦରେ ପ୍ରକାଶ କଲେ। କିନ୍ତୁ ତାଙ୍କ ହୃଦୟରେ ଅନେକ କିଛି ରହିଗଲା ଅବ୍ୟକ୍ତ। କାରଣ ସିଏ ସ୍ୱୟଂ ଆନ୍ତରିକ ଗୂଢ଼ ରହସ୍ୟଗୁଡ଼ିକୁ କହି ପାରି ନଥିଲେ।

ଆଉ ଯେତେବେଳେ ସିଏ ସହରରେ ପ୍ରବେଶ କଲେ, ସବୁଲୋକମାନେ ତାଙ୍କ ସହିତ ଦେଖା କରିବାକୁ ଆସିଲେ ଏବଂ ସମସ୍ତେ ଯେମିତି ସମସ୍ୱରରେ ଚିତ୍କାର କରି ତାଙ୍କୁ କିଛି କହିବାକୁ ଚାହୁଁଥିଲେ।

ଆଉ ସହରର ପ୍ରବୀଣ ବ୍ୟକ୍ତିମାନେ ତାଙ୍କ ଆଗରେ ଆସି ଠିଆ ହେଲେ ଏବଂ କହିଲେ:

ଆପଣ ଆମ ପାଖରୁ ଚାଲି ଯାଆନ୍ତୁନି।

ଆମ ଜୀବନର ସାୟାହ୍ନରେ ଆପଣ ଥିଲେ ମଧ୍ୟାହ୍ନର ଜୁଆର ଏବଂ ଆପଣଙ୍କର ତାରୁଣ୍ୟ ଆମ୍ଭମାନଙ୍କୁ ସ୍ୱପ୍ନଦେଖିବା ଲାଗି ସ୍ୱପ୍ନ ଯୋଗାଇଛି।

ଆପଣ ଆମ୍ଭମାନଙ୍କ ପାଖରେ ଅଚିହ୍ନା ନୁହଁନ୍ତି, ଅତିଥି ମଧ ନୁହଁନ୍ତି। କିନ୍ତୁ ଆମ୍ଭମାନଙ୍କର ସନ୍ତାନ ଏବଂ ଅତି ପ୍ରିୟଜନ।

ଆମ୍ଭମାନଙ୍କର ଚକ୍ଷୁରେ ଆପଣଙ୍କର ମୁଖ ଦେଖିବାର ତୃଷ୍ଣାକୁ ରଖି ଆମ୍ଭମାନଙ୍କୁ ବିଚଳିତ କରନ୍ତୁନି।

ଆଉ ଯାଯକ-ଯାଯିକାମାନେ ତାଙ୍କୁ କହିଲେ:

ଆଉ ସମୁଦ୍ରର ଢେଉ ଆମକୁ ଆଜି ରପସ୍ୱରଠାରୁ ବିଚ୍ଛିନ୍ନ କରିନଦେଉ ଏବଂ ଯେଉଁ କେତୋଟି ବର୍ଷ ଆପଣ ଆମ୍ଭମାନଙ୍କ ମଧ୍ୟରେ କଟାଇଛନ୍ତି ତାହା ଯେମିତି ସ୍ମୃତି ହୋଇ ନ ଯାଉ।

ଆପଣ ଏକ ଚେତନା ହୋଇ ଆମ୍ଭମାନଙ୍କ ମଝିରେ ଥିଲେ ଏବଂ ଆପଣଙ୍କର ଛାୟା ଆଲୋକ ହୋଇ ଆମ୍ଭମାନଙ୍କର ମୁଖରେ ଆସି ପଡ଼ିଛି।

ଆମ୍ଭେମାନେ ଆପଣଙ୍କୁ ବହୁତ ଭଲ ପାଇଛୁ। କିନ୍ତୁ ଆମ୍ଭମାନଙ୍କର ଭଲପାଇବା ଥିଲା ବାକ୍ୟହୀନ ଏବଂ ଅବଗୁଣ୍ଠନର ଆଢୁଆଳରେ ଗୋପନ।

ତେବେ ସେହି ପ୍ରେମ ଏବେ ଚିତ୍କାର କରି ଡାକୁଛି ଏବଂ ଆପଣଙ୍କ ସମ୍ମୁଖରେ ତାର ଆବରଣ ଉନ୍ମୋଚିତ କରିବାକୁ ଚାହୁଁଛି।

ଆଉ ଚିରକାଳ ଏମିତି ହୋଇଛି. ବିଚ୍ଛେଦର ମୁହୂର୍ତ୍ତ ନ ଆସିବା ଯାଏଁ ଭଲ ପାଇବା ତାର ଗଭୀରତା ବୁଝିପାରେନି।

ଆଉ ଅନ୍ୟମାନେ ମଧ ଆସିଲେ ଏବଂ ତାଙ୍କୁ ମିନତି କଲେ। କିନ୍ତୁ ସିଏ ସେମାନଙ୍କୁ ଉତ୍ତର ଦେଲେନି। ସିଏ କେବଳ ନିଜର ମୁଣ୍ଡକୁ ନୁଆଁଇ ଦେଲେ; ଏବଂ ଯେଉଁମାନେ ପାଖରେ ଠିଆ ହୋଇଥିଲେ, ସେମାନେ ଦେଖିଲେ ତାଙ୍କ ଆଖିର ଲୁହ ଝରି ପଡୁଛି ଛାତି ଉପରେ।

ଆଉ ସିଏ ଏବଂ ଲୋକମାନେ ମନ୍ଦିର ସମ୍ମୁଖରେ ଥିବା ପ୍ରକାଣ୍ଡ ଚତ୍ୱର ଆଡ଼େ ଅଗ୍ରସର ହେଲେ।

ଆଉ ସେତେବେଳେ ମନ୍ଦିର ଭିତରୁ ବାହାରିଆସିଲେ ଜଣେ ଭଦ୍ରମହିଳା ଯାହାଙ୍କର ନାମ ଥିଲା ଆଲମିତ୍ରା। ସିଏ ଥିଲେ ଜଣେ ତ୍ରିକାଳଦର୍ଶୀ।

ଆଉ ସିଏ ତାଙ୍କ ଆଡ଼କୁ ମମତାର ସହିତ ଅନାଇଲେ, କାରଣ ଏହି ସହରରେ ତାଙ୍କର ପ୍ରଥମ ଦିନଟି ପାରି ନ ହେବା ଆଗରୁ ଏହି ମହିଳା ଜଣକ ସର୍ବପ୍ରଥମ ତାଙ୍କର ସନ୍ଧାନ ପାଇଥିଲେ ଏବଂ ତାଙ୍କୁ ବିଶ୍ୱାସ କରିଥିଲେ।

ଆଉ ସେହି ମହିଳାଜଣକ ତାଙ୍କୁ ସ୍ୱାଗତ ଜଣାଇ କହିଲେ:

ପରମ ପିତାଙ୍କର ସନ୍ଧାନକାରୀ ହେ ବିଧାତାପ୍ରେରିତ ପୁରୁଷ, ଆପଣ କେତେ ଦୀର୍ଘକାଳ ଦୂରଦିଗନ୍ତରେ ଆପଣଙ୍କ ଜାହାଜର ସନ୍ଧାନ କରିଛନ୍ତି।

ଆଉ ଏବେ ଯେତେବେଳେ ଆପଣଙ୍କର ଜାହାଜ ଆସିଛି, ଆପଣ ନିଶ୍ଚୟ ଚାଲିଯିବେ।

ଆପଣ ଆପଣଙ୍କର ସ୍ମୃତିବିଜଡ଼ିତ ଜନ୍ମଭୂମିକୁ ଏବଂ ଆପଣଙ୍କର ବୃହତ୍ତର ବାସନାର ବାସଭୂମିକୁ ଫେରିଯିବାକୁ ବ୍ୟାକୁଳ; ଏବଂ ଆମ୍ଭମାନଙ୍କର ଭଲପାଇବା ଆପଣଙ୍କୁ ବାନ୍ଧି ରଖିବନି କିମ୍ବା ଆମ୍ଭମାନଙ୍କର ପ୍ରୟୋଜନ ଆପଣଙ୍କୁ ଅଟକାଇ ରଖି ପାରିବନି।

ତେବେ ଆପଣଙ୍କର ବିଦାୟ ଆଗରୁ ଆପଣଙ୍କ ପାଖରେ ଆମ୍ଭମାନଙ୍କର ଏହି ପ୍ରାର୍ଥନା, ଆପଣ ଆମ୍ଭମାନଙ୍କୁ କିଛି କହି କରି ଯାଆନ୍ତୁ ଏବଂ ଆପଣଙ୍କ ସତ୍ୟରୁ ଆମ୍ଭମାନଙ୍କୁ କିଛି ଦିଅନ୍ତୁ।

ଆଉ ସେହି ସତ୍ୟ ଆମ୍ଭେମାନେ ଆମର ସନ୍ତାନମାନଙ୍କୁ ଦେଇକରି ଯିବୁ ଏବଂ ସେମାନେ ଦେଇକରି ଯିବେ ତାଙ୍କର ସନ୍ତାନମାନଙ୍କୁ ଏବଂ ଏହିପରି ତାହା ଅବିନଶ୍ୱର ହୋଇ ରହିବ।

ଆପଣ ଆପଣଙ୍କର ଏକାକୀତ୍ୱର ମଧ୍ୟରେ ଆମ୍ଭମାନଙ୍କର ଦିବସଯାପନ ପର୍ଯ୍ୟବେକ୍ଷଣ କରିଛନ୍ତି ଏବଂ ଜାଗ୍ରତ ଅବସ୍ଥାରେ ଶୁଣିଛନ୍ତି ରାତ୍ରିକାଳରେ ଆମ୍ଭେମାନେ ନିଦ୍ରାରେ ଥାଇ କାନ୍ଦିବା ଓ ହସିବାର ସ୍ୱର।

ବର୍ତ୍ତମାନ, ସେଥିପାଇଁ, ଆମ୍ଭମାନଙ୍କ ପାଖରେ ଆତ୍ମପ୍ରକାଶ କରନ୍ତୁ ଏବଂ ଜନ୍ମ ଓ ମୃତ୍ୟୁର ମଝିରେ ଯାହାକିଛି ଆପଣ ଦେଖିଛନ୍ତି, ସେହିସବୁ ବିଷୟରେ ଆମ୍ଭମାନଙ୍କୁ ଅବହିତ କରାନ୍ତୁ।

ଆଉ ସିଏ ଉତ୍ତରରେ କହିଲେ:

ଅର୍ଫାଲିଜ୍‌ର ବାସିନ୍ଦାମାନେ, ଯେଉଁସବୁ ଭାବନା ଏହି ମୁହୂର୍ତ୍ତରେ ତୁମ୍ଭମାନଙ୍କ ହୃଦୟରେ ଆଲୋଡ଼ନ ସୃଷ୍ଟି କରୁଛି ସେସବୁକୁ ବାଦ୍ ଦେଇ ମୁଁ ଆଉ କେଉଁ ବିଷୟରେ କହିବି ?

ପ୍ରେମ

ତାପରେ ଆଲ୍‌ମିତ୍ରା କହିଲେ, "ଆପଣ ପ୍ରେମ ବିଷୟରେ ଆମକୁ କହନ୍ତୁ"।

ସିଏ ମୁଣ୍ଡ ଟେକି ଜନତା ଆଡ଼େ ଚାହିଁଲେ। ସେମାନଙ୍କ ଭିତରେ ଗୋଟିଏ ନିସ୍ତବ୍ଧତା ନଇଁ ଆସିଲା ଏବଂ ସିଏ ଉଦାତ୍ତ କଣ୍ଠରେ କହିଲେ:

ପ୍ରେମ ଯେତେବେଳେ ତୁମକୁ ଇଙ୍ଗିତ କରେ, ସେତେବେଳେ ତାର ଅନୁସରଣ କର, ଯଦିଓ ତା ସହିତ ଚାଲିବାର ପଥ କଠିନ ଓ ବନ୍ଧୁର।

ଆଉ ଯେତେବେଳେ ତା'ର ଡେଣାରେ ତୁମକୁ ସଂପୂର୍ଣ୍ଣ ରୂପେ ଆଚ୍ଛାଦିତ କରେ, ତୁମେ ତା ପାଖରେ ସମର୍ପଣ କର। ତା ଡେଣା ତଳେ ଲୁକ୍କାୟିତ ଥିବା ତରବାରୀ ତୁମକୁ ଆହତ କରିବ, ତଥାପି ତୁମେ ଶୋଚନା କରନି।

ସିଏ ଯେବେ କଥା କହିବ, ତାକୁ ତୁମେ ବିଶ୍ୱାସ କର, ଯଦିଓ ଉତ୍ତରା ପବନ ଯେଉଁପରି ବଗିଚାକୁ ଛାରଖାର କରେ ସେହିପରି ତା'ର କଣ୍ଠସ୍ୱର ତୁମର ସ୍ୱପ୍ନଗୁଡ଼ିକୁ ଚୁର୍‌ମାର୍‌ କରି ଦେଇ ପାରେ।

ପ୍ରେମ ଯେମିତି ତୁମକୁ ରାଜମୁକୁଟ ପିନ୍ଧାଏ, ସେମିତି ସିଏ ତୁମକୁ କ୍ରୁଶବିଦ୍ଧ ବି କରେ। ଏମିତିକି ଏକା ସାଙ୍ଗରେ ସିଏ ତୁମର ଉନ୍ନତି ଏବଂ ଅଧୋଗତିର କାରଣ।

ସିଏ ଯେମିତି ତୁମ ଶିଖର ଉପରକୁ ଉଠିକରି ସୂର୍ଯ୍ୟାଲୋକରେ ଶିହରିତ ହୋଇ ତୁମର ସବୁଠାରୁ କୋମଳ ଅଙ୍ଗର ରକ୍ଷଣାବେକ୍ଷଣ କରେ,

ସେମିତି ସିଏ ତୁମର ମୂଳର ଗଭୀରକୁ ଯାଇ ମାଟିତଳେ ରହିଥିବା ମୂଳକୁ ଦୋହଲାଇ ଦିଏ।

ସିଏ ଶସ୍ୟର ଗୁଚ୍ଛା ପରି ତୁମକୁ ତା ପାଖକୁ ଟାଣି ଆଣେ।

ସିଏ ତୁମକୁ ମାଡ଼ ମାରେ, ତୁମକୁ ଉଲଗ୍ନ କରିବା ପାଇଁ।

ଶସ୍ୟ ଦେହରୁ ଚୋପାକୁ ବାହାର କରିବା ପରି ସିଏ ତୁମକୁ ଆବରଣହୀନ କରେ।

ଘସି ଘସି ତୁମକୁ ଶୁଭ୍ର କରିଦିଏ।

ତୁମେ ନରମ ନ ହେବାଯାଏଁ ତା'ର ତୁମକୁ ଦଳିବା କାମ ଚାଲିଥାଏ;

ଏବଂ ତା'ପରେ ସିଏ ତା'ର ପବିତ୍ର ଅଗ୍ନିରେ ତୁମକୁ ଅର୍ପଣ କରେ, ଯାହା ଫଳରେ ତୁମେ ଈଶ୍ୱରଙ୍କର ପବିତ୍ର ଭୋଜସଭାର ପବିତ୍ର ରୁଟିରେ ପରିଣତ ହୋଇପାର।

ପ୍ରେମ ତୁମକୁ ନେଇ ଏତେ କାମ କରେ ଯାହା ଫଳରେ ତୁମେ ହୃଦୟର ରହସ୍ୟକୁ ଜାଣିପାର ଏବଂ ସେହି ଜ୍ଞାନଫଳରେ ତୁମେ ମହାଜୀବନର ହୃଦୟରେ ଏକ କ୍ଷୁଦ୍ର ଅଂଶ ହୋଇଯାଅ।

କିନ୍ତୁ ତୁମେ ଯଦି ଭୀତତ୍ରସ୍ତ ହୋଇ ତୁମର ପ୍ରେମରେ ଖାଲି ଶାନ୍ତି ଓ ସୁଖ ସନ୍ଧାନ କର,

ତାହେଲେ ତୁମପାଇଁ ଏହା ଶ୍ରେୟସ୍କର ଯେ ତୁମେ ନିଜ ନଗ୍ନତାକୁ ଢାଙ୍କି ଦିଅ ଏବଂ ଶସ୍ୟ ପରି ପିଟା ଯାଇ ଅମଳ କରାଯାଉଥିବା ପ୍ରେମର ଖଳାରୁ ବାହାରକୁ ଆସି ଯାଅ,

ଋତୁହୀନ ଦୁନିଆକୁ ଯାଇ ବସତି ସ୍ଥାପନ କର, ଯେଉଁଠି ତୁମେ ହୁଏତ ହସିବ, କିନ୍ତୁ ପ୍ରାଣଖୋଲି ତୁମେ ହୁଏତ କାନ୍ଦିବ, କିନ୍ତୁ ପ୍ରାଣଭରି କାନ୍ଦିବନି।

ପ୍ରେମ କେବଳ ନିଜକୁ ଦିଏ ଏବଂ ନିଜଠୁ ନିଏ।

ପ୍ରେମର ଯେମିତି ନିଜର କେହି ନାହାନ୍ତି, ସେମିତି ସିଏ ବି କାହାର ନୁହେଁ।

କାରଣ ପ୍ରେମ କରିବା ପାଇଁ ପ୍ରେମ ହିଁ ଯଥେଷ୍ଟ।

ତୁମେ ଯେତେବେଳେ ପ୍ରେମ କର ସେତେବେଳେ, "ବିଧାତା ମୋ ହୃଦୟରେ ଆସୀନ" ଏକଥା ନ କହି, ତୁମେ ବରଂ କହ, "ମୁଁ ବିଧାତାଙ୍କ ହୃଦୟରେ ଆସୀନ।"

ତୁମେ ପ୍ରେମର ପଥ ନିର୍ଦ୍ଦେଶ କରିବ ଏହି କଥା କେବେ ଚିନ୍ତା କରନି, ବରଂ ପ୍ରେମ ଯଦି ତୁମକୁ ତା'ର ଯୋଗ୍ୟ ମନେ କରେ ତେବେ ସିଏ ହିଁ ତୁମର ପଥ ନିର୍ଦ୍ଦେଶ କରିବ।

ନିଜକୁ ପରିପୂର୍ଣ୍ଣ କରିବା ଛଡ଼ା ପ୍ରେମର ଆଉ କୌଣସି କାମନା ନାହିଁ।

କିନ୍ତୁ ତୁମେ ଯଦି ପ୍ରେମ କର ଏବଂ ପ୍ରେମରେ ଅନିବାର୍ଯ୍ୟ ହୋଇ ଉଠେ କାମନା, ତେବେ ଏହା ହେଉ ତୁମର କାମନା:

ଦ୍ରବିଭୂତ ହୋଇ ଚଞ୍ଚଳା ସ୍ରୋତସ୍ୱିନୀ ପରି ନିଶୀଥକୁ ତା'ର ଗୀତ ଶୁଣାଇବି।

ଅତ୍ୟନ୍ତ କୋମଳ ଯନ୍ତ୍ରଣାକୁ ମୁଁ ଅନୁଭବ କରିପାରିବି।

ପ୍ରେମ ସମ୍ପର୍କରେ ବ୍ୟକ୍ତିଗତ ବୋଧ ଯେମିତି ଆହତ କରିବ;

ଏବଂ ସ୍ୱେଚ୍ଛାରେ ଓ ଆନନ୍ଦରେ ରକ୍ତାକ୍ତ ହେବାକୁ ଦେବି ଯେମିତି ।

ହୃଦୟର ଡେଣା ମେଲି ପ୍ରତ୍ୟୁଷରେ ଜାଗି ଉଠିବି ଏବଂ ଅନ୍ୟ ଗୋଟିଏ ପ୍ରେମର ଦିନକୁ ଧନ୍ୟବାଦ ଦେବି;

ମଧ୍ୟାହ୍ନ ସମୟରେ ବିଶ୍ରାମ ନେବି ଏବଂ ପରମ ଆନନ୍ଦରେ ଲୀନ ହୋଇ ରହି ପାରିବି;

ସନ୍ଧ୍ୟାବେଳେ କୃତଜ୍ଞତା ଚିତ୍ତରେ ଗୃହକୁ ଫେରି ଆସିବି;

ଏବଂ ପ୍ରିୟତମ ପାଇଁ ଅନ୍ତରର ପ୍ରାର୍ଥନା ଏବଂ ଓଷ୍ଠରେ ବନ୍ଦନାର ଗୀତଟିକୁ ନେଇ ନିଦ୍ରାମଗ୍ନ ହେବି ।

ବିବାହ

ଆଲ୍‌ମିତ୍ରା ପୁଣି ପ୍ରଶ୍ନ କଲେ, "ତାହେଲେ ବିବାହ ସମ୍ପର୍କରେ ଆପଣ କଣ କହିବେ, ପ୍ରଭୁ ?"

ଆଉ ସିଏ ଉତ୍ତର ଦେଇ କହିଲେ:

ତୁମେ ଏକତ୍ର ଭାବରେ ଜନ୍ମ ଗ୍ରହଣ କରିଛ ଏବଂ ଚିରକାଳ ଏକତ୍ର ଭାବରେ ରହିବ।

ମୃତ୍ୟୁର ଶୁଭ୍ର ଡେଣା ଯଦି ତୁମର ଜୀବନକୁ ଛିନ୍ନଭିନ୍ନ କରିଦିଏ, ତେବେ ବି ତୁମେ ଅବିଚ୍ଛିନ୍ନ ରହିବ।

ହଁ, ବିଧାତାଙ୍କର ନୀରବ ସ୍ମୃତିରେ ବି ତୁମେ ଏକତ୍ର ରହିବ।

ତେବେ ଏକତ୍ର ରହି କରି ମଧ୍ୟ ତୁମ ମଝିରେ ଦୂରତ୍ୱ ବଜାୟ ରହୁ ଏବଂ ତୁମ ମଝିରେ ସ୍ୱର୍ଗର ପବନ ନାଚି ନାଚି ଯାଉ।

ଜଣେ ଜଣକୁ ପ୍ରେମ କର, କିନ୍ତୁ ପ୍ରେମର ଗୋଟିଏ ବନ୍ଧନ ସୃଷ୍ଟି କରନି;

ବରଂ ତୁମର ପ୍ରେମ ହେଉ ଦୁଇଟି ହୃଦୟର ବେଳାଭୂମିର ମଝିରେ ଗୋଟିଏ ଉଚ୍ଛ୍ୱସିତ ସମୁଦ୍ର।

ଜଣେ ଅପରର ପିଆଲାକୁ ଭର, କିନ୍ତୁ ଗୋଟିଏ ପିଆଲାରୁ ପାନ କରନି।

ଜଣେ ଅପରକୁ ନିଜ ଖାଦ୍ୟରୁ ଭାଗ ଦିଅ, କିନ୍ତୁ ଏକାସାଙ୍ଗରେ ସେହି ଖାଦ୍ୟକୁ ଖାଅନି।

ତୁମେ ଏକତ୍ର ହୋଇ ଗୀତ ଗାଅ, ନୃତ୍ୟ କର ଏବଂ ଆନନ୍ଦରେ ମାତି ଉଠ, କିନ୍ତୁ ପ୍ରତ୍ୟେକେ ରହ ସ୍ୱତନ୍ତ୍ର।

କାରଣ ବୀଣାର ପ୍ରତିଟି ତାର ଯଦିଓ ସ୍ୱତନ୍ତ୍ର, ତଥାପି ଗୋଟିଏ ସ୍ୱରରେ ସେଗୁଡ଼ିକ ଧ୍ୱନିତ ହୁଅନ୍ତି।

ତୁମେ ଆପଣାର ହୃଦୟ ବିନିମୟ କର, କିନ୍ତୁ କେବେହେଲେ ପରସ୍ପରର ସଂରକ୍ଷଣରେ ରହନି।

କାରଣ କେବଳ ଜୀବନର ହାତ ହିଁ ତୁମ ହୃଦୟକୁ ଧରି ରଖି ପାରିବ।

ଜଣେ ଅପରର ନିକଟରେ ରହ, କିନ୍ତୁ ଖୁବ୍ ପାଖାପାଖି ନୁହଁ;

କାହିଁକି ନା ମନ୍ଦିରର ସ୍ତମ୍ଭସବୁ ସେଗୁଡ଼ିକ ଭିତରେ ଦୂରତ୍ୱ ରଖି ଠିଆ ହୋଇଥାନ୍ତି,

ଏବଂ ଓକ୍ ଓ ସାଇପ୍ରେସ୍ ବୃକ୍ଷ ଗୋଟିଏ ଅପରର ଛାୟାରେ ବଢ଼ି ପାରେନି।

ସନ୍ତାନସନ୍ତତି

ଯେଉଁ ନାରୀ ଜଣକ ଶିଶୁ ସନ୍ତାନକୁ ତାଙ୍କ ଛାତିରେ ଯାକି କରି ଠିଆ ହୋଇଥିଲେ, ସିଏ କହିଲେ, "ସନ୍ତାନଙ୍କ ବିଷୟରେ ଆମକୁ କହନ୍ତୁ।"

ଆଉ ସିଏ କହିଲେ:

ତୁମର ସନ୍ତାନମାନେ ତୁମର ସନ୍ତାନ ନୁହନ୍ତି।

ସେମାନେ ଜୀବନ ପାଇଁ ଜୀବନର ଆକୁଳ ପ୍ରତ୍ୟାଶାର ପୁତ୍ର-କନ୍ୟା।

ସେମାନେ ତୁମ ମାଧ୍ୟମରେ ଆସନ୍ତି, କିନ୍ତୁ ତୁମ ଭିତରୁ ଜନ୍ମ ନିଅନ୍ତିନି,

ଆଉ ଯଦିଓ ସେମାନେ ତୁମ ସହିତ ରହନ୍ତି, ତଥାପି ସେମାନେ ତୁମର ସଂପଦ ନୁହନ୍ତି।

ତୁମେ ତାଙ୍କୁ ସ୍ନେହ ଦେଇପାର, କିନ୍ତୁ ତୁମ ଭାବନା ଦେଇ ପାରିବନି,

କାରଣ ସେମାନଙ୍କର ନିଜସ୍ୱ ଭାବନା ଅଛି।

ତୁମେ ତାଙ୍କ ଦେହକୁ ଘରେ ରଖି ପାର, କିନ୍ତୁ ସେମାନଙ୍କର ଆତ୍ମାକୁ ଧରିରଖି ପାରିବନି।

କାରଣ ସେମାନଙ୍କର ଆତ୍ମାର ବସବାସ ଭବିଷ୍ୟତର ଗୃହରେ, ତୁମେ ସ୍ୱପ୍ନରେ ବି ସେହି ଗୃହର ସନ୍ଧାନ ପାଅନି।

ତୁମେ ତାଙ୍କ ପରି ହେବାକୁ ଚେଷ୍ଟା କରିପାର, କିନ୍ତୁ ସେମାନଙ୍କୁ ତୁମ ପରି ଗଢ଼ିବାର ଲାଳସା ରଖନି।

କାରଣ ଜୀବନ ପଛକୁ ଯାଏନି, ଅଥବା ଛାଡ଼ି ଆସିଥିବା ଦିନ ପାଇଁ ଠିଆ ହୁଏନି।

ତୁମେ ସେହି ଧନୁ ଯେଉଁଥିରୁ ତୁମ ଜୀବନ୍ତ ସନ୍ତାନସନ୍ତତି ଶର ପରି ସମ୍ମୁଖକୁ ନିକ୍ଷିପ୍ତ ହୁଅନ୍ତି।

ଧନୁର୍ଦ୍ଧାରୀ ଅନନ୍ତ ମାର୍ଗକୁ ଲକ୍ଷ୍ୟ କରନ୍ତି ଏବଂ ତୁମକୁ ନିଜ ଶକ୍ତି ଆଗରେ ଆନତ କରାନ୍ତି, ଯାହାଫଳରେ ତାଙ୍କ ଶର ତୀବ୍ର ଗତିରେ ଦୂରକୁ ଯାଇ ପାରିବ।

ସେହି ଧନୁର୍ଦ୍ଧାରୀଙ୍କ ହାତରେ ତୁମେ ଆନତ ହେବା ଆନନ୍ଦର କଥା;

କାହିଁକି ନା ସେମାନେ ଉଡୁଥିବା ଶରଗୁଡ଼ିକୁ ପ୍ରେମ କରନ୍ତି ଏବଂ ସେହି ଧନୁକୁ ବି ପ୍ରେମ କରନ୍ତି ଯାହା ସ୍ଥିର।

ଦାନ

ଏହାପରେ ଜଣେ ଧନବାନ ବ୍ୟକ୍ତି କହିଲେ, "ଆପଣ ଦାନ ବିଷୟରେ ଆମକୁ କୁହନ୍ତୁ।"

ଆଉ ସିଏ ତା'ର ଉତ୍ତରରେ କହିଲେ:

ତୁମେ ଯେତେବେଳେ ଧନ-ସଂପଦରୁ ଦାନ କର, ତୁମର ସେହି ଦାନ ଏକ କ୍ଷୁଦ୍ର ଦାନ।

ତୁମେ ଯେତେବେଳେ ଆତ୍ମତ୍ୟାଗ କର ସେତେବେଳେ ତୁମେ ପ୍ରକୃତ ଦାନ କର।

କାରଣ ତୁମେ ଆଗାମୀକାଲର ପ୍ରୟୋଜନର ଭୟରେ ଯାହା କିଛି ପହରା ଦେଇ ରଖ, ସେହି ବସ୍ତୁଗୁଡ଼ିକ କଣ ତୁମର ଧନ-ସଂପଦ ନୁହେଁ?

ଆଉ ଆଗାମୀକାଲ! ପବିତ୍ର ନଗରୀର ଉଦ୍ଦେଶ୍ୟରେ ସେମାନଙ୍କର ଯାତ୍ରା ପଥରେ ତୀର୍ଥଯାତ୍ରୀମାନଙ୍କ ସାଙ୍ଗରେ ଚାଲୁ ଚାଲୁ ଯେଉଁ କୁକୁର ଦିଶାହୀନ ମରୁଭୂମିର ବାଲି ଭିତରେ ହାଡ଼ସବୁ ପୋତି କରି ରଖିଯାଏ, ଆଗାମୀକାଲରେ ସେହି ଅତି ଦୂରଦର୍ଶୀ କୁକୁରର ଭାଗ୍ୟରେ କଣ ଅଛି?

ଆଉ ପ୍ରୟୋଜନର ଭୟ କଣ ନିଜେ ଏକ ପ୍ରୟୋଜନ ନୁହେଁ?

ତୁମ କୂପ ଯେତେବେଳେ ଜଳରେ ପରିପୂର୍ଣ୍ଣ, ସେତେବେଳେ ତୁମର ତୃଷାର୍ତ୍ତ ହେବାର ଆଶଙ୍କା କଣ ଏମିତି ତୃଷ୍ଣା ନୁହେଁ ଯାହାର ନିବାରଣ ଅସମ୍ଭବ?

ଏମିତି ମଣିଷ ଅଛନ୍ତି ଯେଉଁମାନେ ତାଙ୍କର ଅନେକ ସଂପଦରୁ ଅଳ୍ପ ଦାନ କରନ୍ତି, କିନ୍ତୁ ସେମାନେ ଅନ୍ତରରେ ଆତ୍ମପ୍ରଚାରର ଉଦ୍ଦେଶ୍ୟ ନେଇ ଦାନ କରନ୍ତି। ସେମାନଙ୍କର ଗୋପନ ବାସନା ସେମାନଙ୍କ ଦାନକୁ କରେ କଳୁଷିତ।

ଆଉ ଏମିତି ମଣିଷ ଅଛନ୍ତି ଯେଉଁମାନେ ତାଙ୍କର ସାମାନ୍ୟ ଯାହା କିଛି ଅଛି ସବୁ ଦାନ କରି ଦିଅନ୍ତି।

ସେମାନେ ହିଁ ଜୀବନରେ ଏବଂ ଜୀବନର ପ୍ରାଚୁର୍ଯ୍ୟରେ ବିଶ୍ୱାସୀ, ସେମାନଙ୍କର ଭଣ୍ଡାର କେବେହେଲେ ଶୂନ୍ୟ ହୁଏନି।

ଏମିତି ମଣିଷ ଅଛନ୍ତି ଯେଉଁମାନେ ଦାନ କରି ଆନନ୍ଦ ପାଆନ୍ତି, ସେହି ଆନନ୍ଦ ସେମାନଙ୍କର ପୁରସ୍କାର।

ଆଉ ଏମିତି ମଣିଷ ଅଛନ୍ତି ଯେଉଁମାନେ ଦାନ କରି ବ୍ୟଥିତ ହୁଅନ୍ତି, ସେହି ବେଦନାରେ ସେମାନଙ୍କର ପୁଣ୍ୟସ୍ନାନ।

ପୁଣି ଏମିତି ମଣିଷ ଅଛନ୍ତି ଯେଉଁମାନେ ଦାନ କରି ବ୍ୟଥିତ ହୁଅନ୍ତିନି ଅଥବା ଆନନ୍ଦିତ ହୁଅନ୍ତିନି, ସେମାନେ ମନେ ରଖନ୍ତିନି ଦାନର ମହତ୍ତ୍ୱ।

ନିକଟ ଉପତ୍ୟକାରେ ବନର ଫୁଲ ଯେମିତି ପବନରେ ତାର ସୁବାସ ବିତରଣ କରେ, ସେମାନେ ସେମିତି ଦାନ କରନ୍ତି।

ବିଧାତା ସେମାନଙ୍କର ହାତ ଦେଇ ନିଜକୁ ପ୍ରକାଶ କରନ୍ତି ଏବଂ ସେମାନଙ୍କର ନୟନର ପଶ୍ଚାତରେ ସିଏ ବିଶ୍ୱ ଉପରେ ନିଜର ହସ ଢାଳି ଦିଅନ୍ତି।

ପ୍ରାର୍ଥୀକୁ ଦାନ ଦେବା ଭଲ, ତେବେ ସହଧର୍ମିତାରେ ଅଯାଚିତ ଦାନ ଆହୁରି ଭଲ।

ଆଉ ମୁକ୍ତ-ହସ୍ତ ବ୍ୟକ୍ତି ପାଇଁ ଦାନ ଗ୍ରହଣରେ ଆଗ୍ରହୀ ମଣିଷର ସନ୍ଧାନ କରି ଦାନ କରିବାରେ ଥାଏ ବେଶି ଆନନ୍ଦ।

ତାହେଲେ ତୁମର ନିଜ ପାଇଁ ଗଚ୍ଛିତ ରଖିବାର କଣ କିଛି ନାହିଁ?

ତୁମର ଯାହା କିଛି ଅଛି ସେସବୁକୁ ଦିନେ ଦେଇ ଦେବାକୁ ହେବ;

ଅତଏବ ତୁମେ ଏବେ ଦେଇଦିଅ, ଯାହାଫଳରେ ବଦାନ୍ୟତାର ଦିନଗୁଡ଼ିକ ତୁମର ଉତ୍ତରାଧିକାରୀମାନଙ୍କର ଅପେକ୍ଷାରେ ନ ରହି ତୁମ ଜୀବନରେ ହିଁ ଆସେ।

ତୁମେ ପ୍ରାୟ କହିଥାଅ, "ମୁଁ ଦେବି, କିନ୍ତୁ ସେମାନଙ୍କୁ ଯେଉଁମାନେ ପାଇବାର ଯୋଗ୍ୟ।"

ତୁମ ଫଳ ବଗିଚାର ବୃକ୍ଷରାଜି ଏକଥା କହନ୍ତିନି, କିମ୍ବା କହନ୍ତିନି ତୁମ ଚାରଣଭୂମିର ପଶୁମାନେ।

ସେମାନେ ଦିଅନ୍ତି ଯାହାଫଳରେ ସେମାନେ ବଞ୍ଚି ରହି ପାରିବେ, କାରଣ ଦାନ-ବିମୁଖ ହେଲେ ହିଁ ବିଲୁପ୍ତି।

ନିଶ୍ଚିତ ଭାବରେ, ଯେଉଁ ବ୍ୟକ୍ତି ତାର ଦିବା-ନିଶିର ଜୀବନ ଲାଭ କରିବାର ଉପଯୁକ୍ତ, ସିଏ ତୁମ ହାତରୁ ସବୁକିଛି ପାଇବାର ଯୋଗ୍ୟ।

ଆଉ ଯେଉଁ ବ୍ୟକ୍ତି ଜୀବନ-ସାଗରରୁ ପାନ କରିବାର ଅଧିକାର ଅର୍ଜନ କରିଛି, ସିଏ ତୁମର କ୍ଷୁଦ୍ର ଜଳସ୍ରୋତରୁ ପାନପାତ୍ର ଭରି ନେବାର ଅଧିକାର ରଖେ।

ତା'ଠାରୁ ଆଉ ବଡ଼ ମରୁଭୂମି କଣ ହେବ, ଯାହାର ଦାନ ଗ୍ରହଣ କରିବାର ସାହସ ନାହିଁ ବିଶ୍ୱାସରେ, ରହିଛି ଉଦାରତା ଭିତରେ ?

ଆଉ ତୁମେ ଏମିତି କିଏ, ଯାହା ଆଗରେ ଲୋକମାନେ ତାଙ୍କ ବକ୍ଷକୁ ବିଦୀର୍ଣ୍ଣ କରିବେ ଏବଂ ଦର୍ପ ଉନ୍ମୋଚିତ କରିବେ, ଯାହା ଫଳରେ ତୁମେ ସେମାନଙ୍କର ଯୋଗ୍ୟତାକୁ ନଗ୍ନ ଆଉ ତାଙ୍କର ଆତ୍ମସମ୍ମାନକୁ ନିର୍ଲଜ୍ଜ ହେବାର ଦେଖି ପାରିବ ?

ତୁମେ ଦାତା କିମ୍ବା ଦାନର ବାହନ ହେବାର ଯୋଗ୍ୟ କି ନୁହଁ ତାହା ତୁମେ ପ୍ରଥମେ ଭାବି କରି ଦେଖ।

ପ୍ରକୃତରେ ଏହା ସତ ଯେ ଜୀବନ ଜୀବନକୁ ଦାନ କରେ- ତେବେ ତୁମେ, ଯିଏ ନିଜକୁ ଦାତା ମନେ କର, ଅସଲରେ ଦାନର ସାକ୍ଷୀ ମାତ୍ର।

ଆଉ ହେ ଦାନ ଗ୍ରହୀତାଗଣ- ପ୍ରକୃତରେ ତୁମେ ସମସ୍ତେ ଗ୍ରହୀତା- ତୁମେ ଦାନ ଗ୍ରହଣର ସଙ୍ଗେ ସଙ୍ଗେ କୃତଜ୍ଞତାର ଏମିତି ବୋଝ ମୁଣ୍ଡ ଉପରେ ଉଠାଅନି, ଯାହା ଫଳରେ ତୁମେ ନିଜକୁ ଏବଂ ଯିଏ ଦାନ କରେ ତାକୁ ଗୋଟିଏ ଯୁଆଳିରେ ବାନ୍ଧି ଦିଅ।

ବରଂ ତୁମେ ତାର ଦାନକୁ ଡେଣା ପରି ଭରି ଦେଇ ଦାତା ସହିତ ଉର୍ଦ୍ଧ୍ୱକୁ ଉଠ।

କାରଣ ଋଣ ବିଷୟରେ ଅତି ସତର୍କ ହେବାର ଅର୍ଥ ପ୍ରକାରାନ୍ତରେ ସିଏ ଯେମିତି ଦାତାର ବଦାନ୍ୟତାକୁ ସନ୍ଦେହ କରେ, ଯାହା ପାଖରେ ରହିଛନ୍ତି ବଦାନ୍ୟତାର ମାତା ମୁକ୍ତ-ହୃଦୟର ଧରଣୀ ଏବଂ ଈଶ୍ୱର ରୂପୀ ପିତା।

ଖାଦ୍ୟପେୟ

ତା'ପରେ ଜଣେ ବୃଦ୍ଧବ୍ୟକ୍ତି ଯିଏ ପାନ୍ଥଶାଳାର କରୁଥିଲେ ରକ୍ଷଣାବେକ୍ଷଣ କହିଲେ, "ଆପଣ ଖାଦ୍ୟପେୟ ସମ୍ପର୍କରେ ଆମକୁ କହନ୍ତୁ।"

ଆଉ ସିଏ କହିଲେ:

ଆଲୋକ ଯେମିତି ବାୟୁଭୁକ୍ ଉଦ୍ଭିଦକୁ ବଞ୍ଚାଇ ରଖେ, ତୁମେ ବି ସେମିତି ଧରଣୀର ସୁଗନ୍ଧ ଉପରେ ବଞ୍ଚି ରହିପାର।

କିନ୍ତୁ ତୁମକୁ ଯେହେତୁ କ୍ଷୁଧା ମେଣ୍ଟାଇବା ପାଇଁ ହତ୍ୟା କରିବାକୁ ହେବ ଏବଂ ତୁମର ତୃଷା ନିବାରଣ ଲାଗି ନବଜାତକର ମୁଖରୁ ମାଆର ଦୁଧ ଛଡ଼ାଇ ନେବାକୁ ହେବ, ସେତେବେଳେ ଏହି କାର୍ଯ୍ୟଗୁଡ଼ିକ ହେଉ ଉପାସନା।

ଆଉ ପବିତ୍ର ଯେଉଁ ବଳିବେଦୀ ଉପରେ ବନଭୂମି ଓ ସମତଳର ନିରୀହ ପ୍ରାଣ ଉତ୍ସର୍ଗୀକୃତ ହୁଏ ତାକୁ ଆହୁରି ପବିତ୍ର ଏବଂ ମଣିଷ ପାଖରେ ବରଣୀୟ କରିଥାଏ, ତାହା ହେଉ ତୁମର ପୂଜାର ବେଦୀ।

ତୁମେ ଯେତେବେଳେ ଗୋଟିଏ ପଶୁକୁ ହତ୍ୟା କର ସେତେବେଳେ ତୁମେ ହୃଦୟ ଭିତରୁ ତାକୁ କହ:

"ଯେଉଁ ଶକ୍ତି ତୁମକୁ ବଧ କରୁଛି, ମୋତେ ବି ସଂହାର କରୁଛି ସେହି ଶକ୍ତି ଏବଂ ମୁଁ ବି ଆହାର୍ଯ୍ୟ ହେବି।

ଯେଉଁ ନିୟମ ତୁମକୁ ମୋ ହାତରେ ଟେକି ଦେଲା, ତାହା ମୋତେ ବି ଗୋଟିଏ ଆହୁରି ଶକ୍ତିଶାଳୀ ହାତରେ ଦେଇଦେବ।

ତୁମର ରକ୍ତ ଏବଂ ମୋର ରକ୍ତ ସ୍ୱର୍ଗବୃକ୍ଷ ପାଇଁ ପ୍ରାଣରସ ବ୍ୟତୀତ ଆଉ କିଛି ନୁହେଁ।"

ତୁମେ ଯେତେବେଳେ ସେଓକୁ ଦାନ୍ତରେ କାମୁଡ଼ ସେତେବେଳେ ତୁମେ ହୃଦୟ ଭିତରୁ ତାକୁ କହ:

"ତୁମର ବୀଜ ମୋ ଦେହରେ ଜୀବିତ ରହିବ ଏବଂ ତୁମର ଅନାଗତ କଳି ମୋ ହୃଦୟରେ ବିକଶିତ ହେବ,

ଆଉ ତୁମର ସୁଗନ୍ଧ ହେବ ମୋର ପ୍ରଶ୍ୱାସ ଏବଂ ଏକତ୍ରିତ ହୋଇ ଆମେ ଋତୁଗୁଡ଼ିକ ଭିତରେ ଆନନ୍ଦର ଅନୁଭବ କରିବ।"

ଆଉ ଯେତେବେଳେ ତୁମେ ଶରତ ଋତୁରେ, ଅଙ୍ଗୁର କ୍ଷେତରୁ ପେଷଣ କରିବା ପାଇଁ ଅଙ୍ଗୁର ତୋଳି ଆଣ, ତୁମେ ହୃଦୟ ଭିତରୁ ତାକୁ କହ:

"ମୁଁ ବି ଗୋଟିଏ ଅଙ୍ଗୁର କ୍ଷେତ ଏବଂ ମୋର ଫଳଗୁଡ଼ିକୁ ଏକତ୍ରିତ କରାଯିବ ପେଷଣ ପାଇଁ,

ନୂତନ ମଦିରା ପରି ମୋତେ ବି ଅବିନାଶୀ ଘଟଗୁଡ଼ିକରେ ରଖାଯିବ।"

ଆଉ ଶୀତ ଋତୁରେ, ତୁମେ ଯେତେବେଳେ ମଦିରାକୁ କାଢ଼ିବ, ସେତେବେଳେ ପ୍ରତିଟି ପିଆଲା ପାଇଁ ତୁମର ହୃଦୟ ଗୀତ ଗାଇ ଉଠୁ;

ଏବଂ ସେହି ଗୀତରେ ଥାଉ ଦିନଗୁଡ଼ିକ, ଅଙ୍ଗୁର କ୍ଷେତ ଓ ଅଙ୍ଗୁର-ପେଷା ଯନ୍ତ୍ରର ସ୍ମୃତିଚାରଣ।

କର୍ମ

ଏହାପରେ ଜଣେ କୃଷକ କହିଲେ, "ଆପଣ କର୍ମ ବିଷୟରେ ଆମକୁ କିଛି କହନ୍ତୁ।"

ଆଉ ସିଏ ତାର ଉତ୍ତର ଦେଲେ, କହି କରି:

ତୁମେ କର୍ମ କର ଯାହା ଫଳରେ ଧରଣୀ ଓ ଧରଣୀର ଆତ୍ମା ସହିତ ତାଳ ମିଳାଇ ଚାଲି ପାରିବ।

କାହିଁକି ନା କର୍ମହୀନ ହୋଇ ରହିବା ଯେମିତି ଋତୁ ପରିକ୍ରମାରେ ନିଜର ପରିଚୟ ହଜାଇ ଦେବା ଏବଂ ଜୀବନର ଯେଉଁ ଶୋଭାଯାତ୍ରାରେ ରାଜକୀୟ ଢଙ୍ଗରେ ଓ ଗୌରବରେ ନିଜକୁ ଅସୀମା ପାଖରେ ସମର୍ପଣ କରିବା ପାଇଁ ଆଗେଇ ଚାଲିଛି, ସେହି ଶୋଭାଯାତ୍ରାରୁ ବାହାରକୁ ଆସିଯିବା।

କର୍ମ କରିବା ବେଳେ ତୁମର ସେହି ବଂଶୀ, ଯାହାର ହୃଦୟ ମଧ୍ୟ ଦେଇ ସମୟର ଅନୁଚ୍ଚ କଣ୍ଠସ୍ୱର ପରିବର୍ତ୍ତିତ ହୁଏ ସଂଗୀତରେ।

ତୁମ ଭିତରେ ଏମିତି ଅର୍ବାଚୀନ କିଏ ଅଛି, ଚାରିପଟେ ସବୁ କିଛି ଯେତେବେଳେ ସମବେତ ସ୍ୱରରେ ଗାଇଉଠେ, ସେତେବେଳେ ସିଏ ନିର୍ବାକ ଏବଂ ନୀରବ ହୋଇ ରହିଯାଏ।

ତୁମେ ସର୍ବଦା ଶୁଣି ଆସିଛ, କର୍ମ ଗୋଟିଏ ଅଭିଶାପ ଏବଂ ପରିଶ୍ରମ କରିବା ହେଉଛି ତୁମର ଦୁର୍ଭାଗ୍ୟ।

କିନ୍ତୁ ମୁଁ ତୁମକୁ କହେ, ତୁମେ ତୁମର କର୍ମ ଭିତର ଦେଇ ଧରଣୀର ସୁଦୂର ସ୍ୱପ୍ନର ସେହି ଅଂଶ ସଂପୂର୍ଣ୍ଣ କର, ଯେଉଁ ଅଂଶଟି ସ୍ୱପ୍ନର ଜନ୍ମଲଗ୍ନରେ ତୁମ ପାଇଁ ସୁନିର୍ଦ୍ଦିଷ୍ଟ ଥିଲା,

ଏବଂ ନିଜକୁ କର୍ମରତ ରଖି ତୁମେ ଅସଲରେ ଜୀବନକୁ ଭଲ ପାଅ,

ଆଉ ଶ୍ରମ ଭିତର ଦେଇ ଜୀବନକୁ ଭଲ ପାଇବାର ଅର୍ଥ ହେଲା ନିବିଡ଼ ଭାବରେ ଗହନ ସତ୍ୟର ନିକଟକୁ ଆସିବା।

କିନ୍ତୁ ତୁମେ ଯଦି କଷ୍ଟ ପାଇ ଜନ୍ମକୁ ଏକ ଯନ୍ତ୍ରଣା ମନେ କର ଏବଂ ରକ୍ତ-ମାଂସର ଏହି ଦେହକୁ ବଞ୍ଚାଇ ରଖିବାକୁ ତୁମର ଲଲାଟରେ ଲେଖାଥିବା ଏକ ଅଭିଶାପ ମନେ କର, ତାହେଲେ ତୁମେ ଜାଣିରଖ, ତୁମର ଶ୍ରମଝାଳ ବ୍ୟତୀତ ଆଉ କିଛି ଏହି ଲଲାଟଲିଖନକୁ ଦୂରେଇ ଦେଇ ପାରିବନି।

ତୁମକୁ କୁହାଯାଇଛି ଯେ ଜୀବନ ଅନ୍ଧକାରମୟ ଏବଂ ତୁମେ କ୍ଳାନ୍ତ ହୋଇ ପରିଶ୍ରାନ୍ତ ମଣିଷର ସେହି କଥାର ପ୍ରତିଧ୍ୱନି କରୁଛ।

ଆଉ ମୁଁ କହେ, ଆକାଂକ୍ଷାବିହୀନ ଜୀବନ ପ୍ରକୃତରେ ଅନ୍ଧକାରମୟ।

ଏବଂ ଜ୍ଞାନ ବିହୀନ ଯେତେ ଆକାଂକ୍ଷା ସବୁ ଅନ୍ଧକାରମୟ,

ଆଉ କର୍ମହୀନ ଯେତେ ଜ୍ଞାନ ସକଳ ବୃଥା ଏବଂ କର୍ମ ଅନ୍ତଃସାର ଶୂନ୍ୟ, ଯଦି ସେଥିରେ ପ୍ରେମ ନଥାଏ;

ଆଉ ତୁମେ ଯେତେବେଳେ ପ୍ରେମର ସହିତ କର୍ମ କର ସେତେବେଳେ ତୁମେ ନିଜକୁ ନିଜ ସହିତ, ଜଣକୁ ଅନ୍ୟ ଜଣକ ସହିତ ଏବଂ ତା' ସହିତ ଏକ ମିଳନଡୋରରେ ବାନ୍ଧିରଖ।

ପ୍ରେମର ସହିତ କାର୍ଯ୍ୟ କରିବାର ଅର୍ଥ କ'ଣ ?

ତୁମ ହୃଦୟରୁ ସୂତା ବାହାର କରି ସେହି ସୂତା ଦେଇ ଖଣ୍ଡେ ଲୁଗା ବୁଣିବା, ଯେମିତି ତୁମର ପ୍ରିୟତମା ପିନ୍ଧିବ ସେହି ଲୁଗାଟିକୁ।

ସକଳ ମମତା ଢାଳି ଦେଇ ଗୋଟିଏ ଗୃହ ନିର୍ମାଣ କରିବା, ଯେଉଁ ଗୃହରେ ବସବାସ କରିବ ତୁମର ପ୍ରେମିକା।

ସଯତ୍ନେ ବୀଜ ବପନ ଏବଂ ଉତ୍‌ଫୁଲ୍ଲ ହୋଇ ଫସଲର ଅମଳ କରିବା, ଯାହା ଫଳରେ ତୁମର ପ୍ରେୟସୀ ସେହି ଫଳକୁ ଖାଇ ପାରିବ।

ଏହା ଯେମିତି ତୁମ ଜୀବନଯାପନକୁ ଆତ୍ମିକ ଶକ୍ତି ଦେଇ ପୁନରୁଜ୍ଜୀବିତ କରିଦେବ,

ଏବଂ ଅନୁଭବ କରିବ ଯେ ତୁମର ସବୁ ସ୍ୱର୍ଗବାସୀ ପୂର୍ବପୁରୁଷ ତୁମର ଚତୁର୍ଦ୍ଦିଗରେ ଠିଆ ହୋଇ ତୁମକୁ ନିରୀକ୍ଷଣ କରୁଛନ୍ତି।

ମୁଁ ପ୍ରାୟତଃ ଶୁଣିବାକୁ ପାଏ, ନିଦ୍ରାବସ୍ଥାରେ ତୁମେ ପ୍ରଳାପ କରୁଥିବାର, "ଯେଉଁ ବ୍ୟକ୍ତି ଶଙ୍ଖମର୍ମର ଉପରେ କାର୍ଯ୍ୟ କରୁଥାଏ ଏବଂ ପ୍ରସ୍ତରରେ ନିଜର ଆତ୍ମାକୁ ଦେଖିବାକୁ ପାଏ, ତାହା କ୍ଷେତରେ ହଳଚଳାଇବା ଅପେକ୍ଷା ମହତ୍ କାର୍ଯ୍ୟ।

ଆଉ ଯିଏ ଲୁଗାରେ ଆମ ପସନ୍ଦ ମୁତାବକ ଇନ୍ଦ୍ରଧନୁର ରଂଗକୁ ନେଇ ଆସେ, ସିଏ ଆମ ପାଦର ପାଦୁକା ପ୍ରସ୍ତୁତକର୍ତ୍ତା ଅପେକ୍ଷା ମହତ୍ତର।”

ତେବେ ମୁଁ ନିଦ୍ରିତାବସ୍ଥାରେ ନୁହେଁ, ଦ୍ୱିପ୍ରାହରିକ ଅତି ଜାଗ୍ରତ ଅବସ୍ଥାରେ କହେ, ପବନ କ୍ଷୁଦ୍ରାତିକ୍ଷୁଦ୍ର ତୃଣଦଳର ତୁଳନାରେ ବେଶି ମାଧୁର୍ଯ୍ୟ ନେଇ ସୁବିଶାଳ ଓକ୍ ବୃକ୍ଷ ସହିତ ବାକ୍ୟାଳାପ କରେନି;

ଏବଂ ସିଏ କେବଳ ମହାନ ଯିଏ ପବନର ସ୍ୱରକୁ ସଂଗୀତ ଭାବେ ରୂପାନ୍ତରିତ କରି ତାକୁ ମଧୁରତର କରି ଦିଏ ନିଜର ସ୍ନେହ ଦେଇ କରି।

ଭଲ ପାଇବାର ଦୃଶ୍ୟମାନ ରୂପ ହିଁ ହେଲା କର୍ମ।

ଆଉ ଯଦି ତୁମେ କାର୍ଯ୍ୟକୁ ପ୍ରେମପୂର୍ବକ ନୁହେଁ, ଅଥଚ ରୁଚିବିନା କର ତା'ହେଲେ ତୁମର ଉଚିତ କାର୍ଯ୍ୟଟିକୁ ପରିତ୍ୟାଗ କରି ମନ୍ଦିରର ଦ୍ୱାର ମୁହଁରେ ବସି ରହ, ସେମାନଙ୍କ ପାଖରୁ ଭିକ୍ଷା ମାଗ ଯେଉଁମାନେ ଆନନ୍ଦର ସହିତ କାର୍ଯ୍ୟ କରନ୍ତି।

କାହିଁକି ନା ତୁମେ ଯଦି ନିର୍ଲିପ୍ତ ଭାବରେ ରୁଟି ପ୍ରସ୍ତୁତ କର, ତାହେଲେ ରଢ଼ ନିଆଁରେ ତୁମେ ରୁଟିକୁ ପୋଡ଼ି ଦେବ, ଯାହା ଫଳରେ ମଣିଷର ଅଧା ଭୋକ ହିଁ ମେଣ୍ଟି ପାରିବ।

ଆଉ ଯଦି ଅଙ୍ଗୁରର ରସ କାଢ଼ିବାରେ ତୁମକୁ ସନ୍ତୋଷ ମିଳେନି, ତାହେଲେ ମଦିରାରେ ମିଶି ଯିବ ତୁମର ସେହି ଅସନ୍ତୋଷର ଗରଳ।

ଆଉ ତୁମେ ଯଦି ଦେବଦୂତ ପରି ଗୀତଗାଅ, କିନ୍ତୁ ଗୀତ ଗାଇବା ଭଲ ପାଅନି, ତେବେ ସେହି ସଂଗୀତଜ୍ୱାଳା ଶ୍ରୋତାର କର୍ଣ୍ଣକୁ ରୁଦ୍ଧ କରିଦେବ।

ଆନନ୍ଦ ଓ ବିଷାଦ

ଏହାପରେ ଜଣେ ନାରୀ କହିଲେ, "ଆମକୁ ଆନନ୍ଦ ଓ ବିଷାଦ ବିଷୟରେ କହନ୍ତୁ।"

ଆଉ ସିଏ ଉତ୍ତର ଦେଲେ:

ତୁମର ଆନନ୍ଦ ହେଉଛି ତୁମ ବିଷାଦର ଛଦ୍ମବେଶ ବର୍ଜିତ ରୂପ,

ଏବଂ ସେହି କୂପ ଯେଉଁଥିରୁ ତୁମର ହସ ଉଠିଆସେ ସେହି କୂପଟି ପ୍ରାୟତଃ ତୁମର ବିଷାଦର ଅଶ୍ରୁରେ ଭରି ହୋଇ ରହିଥାଏ।

ଏହାଛଡ଼ା ଆଉ କଣ ବା ହୋଇପାରେ ?

ସେହି ବିଷାଦର ଆଘାତରେ ତୁମ ଅନ୍ତରର କ୍ଷତ ଯେତେ ଗଭୀର ହୁଏ, ସେତେ ବେଶି ଆନନ୍ଦ ତୁମେ ଧରି ରଖିପାର।

ଯେଉଁ ପିଆଲାଟିରେ ତୁମେ ମଦିରା ଭରି ରଖ, ତାହା କ'ଣ କୁମ୍ଭାରର ଚୁଲିରେ ପୋଡ଼ାହୋଇଥିବା ପିଆଲା ନୁହେଁ ?

ଆଉ ଯେଉଁ ବଂଶୀର ସ୍ୱନରେ ତୁମର ଚିତ୍ତ ପ୍ରଶାନ୍ତ ହୁଏ, ତାହା କଣ ସେହି ବାଉଁଶ ନୁହେଁ ଯାହାକୁ ଛୁରୀରେ କାଟି କରି ରନ୍ଧ୍ର କରାଯାଇଥିଲା ?

ତୁମେ ଯେତେବେଳେ ଆନନ୍ଦରେ ଉଲ୍ଲସିତ ହୁଅ, ସେତେବେଳେ ତୁମେ ନିଜ ହୃଦୟର ଗଭୀରତା ଭିତରକୁ ଲକ୍ଷ୍ୟ କରି ଦେଖ ଏବଂ ତୁମେ ଦେଖିବ ଯେ ଯାହା ତୁମକୁ ଆନନ୍ଦ ଦେଇଛି, ତାହା ହିଁ ତୁମ ବିଷାଦର କାରଣ।

ତମେ ଯେତେବେଳେ ବିଷାଦରେ ଭାରାକ୍ରାନ୍ତ ହୁଅ, ସେତେବେଳେ ତୁମେ ପୁଣି ଥରେ ତୁମର ହୃଦୟର ଗଭୀରତାକୁ ଚାହିଁ କରି ଦେଖ, ତାହାଲେ ତୁମେ ଦେଖିବ ଯେ ତୁମେ ଅସଲରେ କାନ୍ଦୁଛ ତାହା ପାଇଁ ଯାହା ଥିଲା ତୁମ ଆନନ୍ଦର ଉତ୍ସ।

ତୁମ ଭିତରୁ କିଛିଲୋକ କହନ୍ତି, "ଆନନ୍ଦ ହେଉଛି ବିଷାଦ ଅପେକ୍ଷା ବୃହତ୍ତର" ଏବଂ ଅନ୍ୟ କେତେଜଣ କହନ୍ତି, "ନା, ବିଷାଦ ହିଁ ବୃହତ୍ତର।"

କିନ୍ତୁ ମୁଁ କହେ, ସେମାନେ ଅବିଚ୍ଛେଦ୍ୟ।

ସେମାନେ ହାତ ଧରାଧରି ହୋଇ ଆସନ୍ତି ଏବଂ ଯେତେବେଳେ ସେମାନଙ୍କ ଭିତରୁ ଜଣେ ଏକାକୀ ଆସି ତୁମ ପାଖରେ ବସେ, ତୁମେ ମନେ ରଖ, ସେତେବେଳେ ଅନ୍ୟ ଜଣେ ଥାଏ ତୁମ ଶଯ୍ୟାରେ ନିଦ୍ରାମଗ୍ନ।

ନିଶ୍ଚିତ ଭାବରେ ଆନନ୍ଦ ଓ ବିଷାଦର ମଝିରେ ନିକିତି ପରି ତୁମେ ଝୁଲି କରି ରହିଛ, ଯାହା ଫଳରେ ତୁମେ ଉପର-ତଳ ହେଉଛ।

ଏକମାତ୍ର ସେତିକି ବେଳେ ତୁମେ ସ୍ଥିର ଓ ସନ୍ତୁଳିତ ହୋଇ ରହ, ଯେତେବେଳେ ତୁମେ ଶୂନ୍ୟ ହୋଇଥାଅ।

ତୁମ ଧନର ରକ୍ଷକ ଯେତେବେଳେ ତୁମକୁ ନିକିତିରେ ତଉଲେ ତାର ସୁନା ଓ ରୂପା ସହିତ, ସେଇଟା ହିଁ ତୁମ ଆନନ୍ଦ ଅଥବା ବିଷାଦର ଉତ୍ଥାନ କିମ୍ବା ପତନର ସମୟ।

ବାସଗୃହ

ତା'ପରେ ଜଣେ ରାଜ ମିସ୍ତ୍ରୀ ଆଗେଇ ଆସିଲେ ଏବଂ କହିଲେ, "ଆମକୁ ବାସଗୃହ ବିଷୟରେ କହନ୍ତୁ।"

ସିଏ ଉତ୍ତରରେ କହିଲେ:

ସହରରେ ଚାରିକାନ୍ଥ ମଝିରେ ବାସଗୃହ ନିର୍ମାଣ କରିବା ପୂର୍ବରୁ ଜନହୀନ ପ୍ରାନ୍ତରରେ ତୁମର କଳ୍ପନାର ବାସଗୃହ ତିଆରି କର।

କାରଣ, ଯଦିଓ ପ୍ରତି ସଂଧ୍ୟାରେ ତୁମେ ଗୃହକୁ ଫେର, ତୁମ ଭିତରେ ବାସକରେ ସେହି ପରିବ୍ରାଜକ, ଯିଏ ସର୍ବଦା ଦୂରରେ ଏବଂ ଏକାକୀ ରହେ।

ତୁମର ବାସଗୃହ ହେଉଛି ତୁମର ବୃହତ୍ତର ଶରୀର।

ସୂର୍ଯ୍ୟର ଆଲୋକରେ ତାହା ବଢ଼ି ଉଠେ ଆଉ ରାତ୍ରିର ନିସ୍ତବ୍ଧତାରେ ଢୁଳେଇ ପଡ଼େ; ଏବଂ ଏହା ନୁହେଁ ସ୍ୱପ୍ନହୀନ। ତୁମ ବାସଗୃହ କଣ ସ୍ୱପ୍ନ ଦେଖେନି ? ଆଉ ସ୍ୱପ୍ନ ଦେଖୁ ଦେଖୁ ସବୁଜ ପ୍ରାନ୍ତର ବା ପର୍ବତଚୂଡ଼ାର ଉଦ୍ଦେଶ୍ୟରେ କଣ ସହରକୁ ଛାଡ଼ି ଚାଲିଯାଏ ?

ମୁଁ ଯଦି ତୁମ ବାସଗୃହଗୁଡ଼ିକୁ ମୋ ହାତରେ ଗ୍ରହଣ କରି ପାରନ୍ତି ଏବଂ ବୀଜବପନକାରୀ ପରି ସେଗୁଡ଼ିକୁ ବିକ୍ଷିପ୍ତ କରି ପାରିଥାନ୍ତି ଅରଣ୍ୟରେ ଏବଂ ତୃଣଭୂମିରେ।

ଯଦି ଉପତ୍ୟକାଗୁଡ଼ିକ ହୋଇଥାନ୍ତା ତୁମର ରାସ୍ତା ଏବଂ ସବୁଜ ପଥଗୁଡ଼ିକ ତୁମର ଗଳି, ତାହେଲେ ତୁମେ ହୁଏତ ଅଙ୍ଗୁରକ୍ଷେତ ଭିତର ଦେଇ ଜଣେ ଜଣକ ପାଖରେ ପହଞ୍ଚିବାକୁ ଚାହିଁଥାନ୍ତ ଆଉ ତୁମ ପୋଷାକରେ ଲାଗିକରି ରହିଥାନ୍ତା ମାଟିର ଗନ୍ଧ।

କିନ୍ତୁ ଏବେ ସେ ସବୁ ହେବାର ସମୟ ନାହିଁ।

ତୁମର ପୂର୍ବପୁରୁଷଗଣ ଭୟରେ ଆତଙ୍କିତ ହୋଇ ଜଣକୁ ଜଣକର ନିକଟବର୍ତ୍ତୀ କରି ଏକତ୍ରିତ କରିଛନ୍ତି ଏବଂ ସେହି ଭୀତି ଆଉ କିଛି କାଳ ରହିବ। ଆହୁରି କିଛି ସମୟ ସହରର ପ୍ରାଚୀରଗୁଡ଼ିକ ତୁମ ଚୁଲିକୁ କ୍ଷେତଗୁଡ଼ିକ ପାଖରୁ ଅଲଗା କରି ରଖିବ।

ଆର୍ଫାଲିଜବାସୀ, ତୁମେ ମୋତେ କହ, ତୁମର ବାସଗୃହରେ କଣ ଅଛି ? ଆଉ କେଉଁ ସଂପଦକୁ ତୁମେ ଦ୍ୱାରରୁଦ୍ଧ କରି ପହରା ଦେଉଛ ?

ତୁମର ସୁପ୍ତ କ୍ଷମତାକୁ ପ୍ରକାଶ କରିବାର ନୀରବ ପ୍ରେରଣାଦାୟିନୀ ସେହି ଶାନ୍ତି କଣ ତୁମର ଅଛି ?

କ୍ଷୀଣ ଆଲୋକରେ ତୁମର ଅନ୍ତରର ଶିଖରଗୁଡ଼ିକ ଯେଉଁ ତୋରଣକୁ ସ୍ପର୍ଶ କରେ, ତାହା କଣ ତୁମର କେବେ ମନେ ପଡ଼େ ?

ସେହି ସୌନ୍ଦର୍ଯ୍ୟ କଣ ତୁମ ପାଖରେ ଅଛି ଯାହା ତୁମ ହୃଦୟକୁ କାଠ ଓ ପଥର ଦ୍ରବ୍ୟଠାରୁ ନେଇଯାଏ ପବିତ୍ର ଗିରିଚୂଡ଼ା ଆଡ଼େ ?

କହ, ତୁମର ବାସଗୃହରେ ଏହା ସବୁ କଣ ଅଛି ?

ଅଥବା ସେଠାରେ ଅଛି କେବଳ ଆରାମ ଆଉ ଆରାମର ଲାଳସା ?

ଆରାମର ଲାଳସା କଣ ସେହି ପ୍ରବଞ୍ଚକ, ଯିଏ ଅଗୋଚରରେ ଅତିଥି ହୋଇ ପ୍ରଥମେ ଗୃହରେ ପ୍ରବେଶ କରେ ଏବଂ ତାପରେ ସିଏ ତତ୍ତ୍ୱାବଧାରକ ଓ ପରିଶେଷରେ ହୋଇଯାଏ ଘରର ମାଲିକ ?

ହଁ, ସିଏ ପାଲଟେ ଜଣେ ପ୍ରକ୍ରିୟାଶୀଳ, ଯିଏ ଅଂକୁଶ ଓ ଚାବୁକ ଦ୍ୱାରା ତୁମର ବିଶାଳତମ ଅଭିଳାଷଗୁଡ଼ିକୁ କଣ୍ଢେଇରେ ପରିଣତ କରେ।

ଯଦିଓ ତାହାର ହାତଗୁଡ଼ିକ ରେଶମ ଭଳି କୋମଳ, ହେଲେ ତା ହୃଦୟଟି ଲୌହ ପରି କଠିନ।

ସିଏ ତୁମକୁ ଥାପୁଡ଼େଇ କରି ଶୁଆଇ ଦିଏ, ହେଲେ ତୁମ ଶଯ୍ୟା ପାର୍ଶ୍ୱରେ ଠିଆ ହୁଏ ତୁମର ଦୈହିକ ଉତ୍କର୍ଷକୁ ବ୍ୟଙ୍ଗ କରିବା ପାଇଁ।

ଏହା ତୁମର ସନ୍ତୁଳିତ ଚେତନାଗୁଡ଼ିକୁ ଉପହାସ କରେ ଏବଂ ସେଗୁଡ଼ିକୁ ସିଏ କଣ୍ଟାମଞ୍ଜି ପରି ରଖିଥାଏ ଭଙ୍ଗୁର ପାତ୍ରରେ।

ଆରାମର ଲାଳସା ତୁମ ହୃଦୟର ଆବେଗକୁ ଅବଶ୍ୟ ହତ୍ୟା କରେ, ତାପରେ ସିଏ ମୁରୁକିହସ ହସି ଶବଯାତ୍ରାରେ ଚାଲେ।

କିନ୍ତୁ ତୁମେ, ଏହି ଅନ୍ତରୀକ୍ଷର ଶିଶୁଗଣ, ତୁମେ ବିଶ୍ରାମରେ ଅସ୍ଥିର, ତୁମେ ସେହି ଫାନ୍ଦରେ ପଡ଼ିବନି କିମ୍ୱା ବଶ ହେବନି।

ତୁମର ବାସଗୃହ ଲଙ୍ଗର ନ ହୋଇ ଜାହାଜର ମାସ୍ତୁଲ୍ ହୋଇ ରହିଯିବ।

ଏହା କୌଣସି ଉଜ୍ଜ୍ୱଳ ଆବରଣ ହେବନି ଯାହା ଢାଙ୍କି କରି ରଖେ କ୍ଷତକୁ, ଏହା ଅସଲରେ ଆଖିପତା ଯାହା ଆଖିକୁ ରକ୍ଷା କରେ।

ଦୁଆର ଭିତର ଦେଇ ଯିବା ପାଇଁ ତୁମେ ହାତଗୋଡ଼କୁ ଯାକିଯୁକି ଦିଅନି, ଅଥବା ମୁଣ୍ଡକୁ ନୁଆଁଇ ଦିଅନି କାଳେ ଛାତରେ ବାଜିବ ବୋଲି, କିମ୍ବା ଶ୍ୱାସ ନେବାକୁ ଡରିବନି, କାଳେ ତାହା କାନ୍ଥରେ ବାଜି ତାକୁ ଫଟେଇ ଦେବ ଏବଂ ତାହା ଧସି ପଡ଼ିଇବ ବୋଲି।

ମୃତକମାନଙ୍କର ରହିବା ପାଇଁ ନିର୍ମାଣ କରାଯାଇଥିବା ସମାଧିରେ ତୁମେ ବସବାସ କରିବନି।

ତୁମର ବାସଗୃହ ସୁନ୍ଦର ବା ଜାକଜମକ ହୋଇଥିା ସତ୍ତ୍ୱେ, କେବେହେଲେ ତୁମର ଗୋପନୀୟତାକୁ ଗୋପନ ରଖିପାରିବନି କିମ୍ବା ତୁମର ଆକାଂକ୍ଷାକୁ ଆଶ୍ରୟ ଦେବନି।

କାରଣ ଯାହା କିଛି ଅସୀମ, ତାର ନିବାସ ଆକାଶର ପ୍ରାସାଦରେ, ଯାହାର ଦ୍ୱାର ପ୍ରତ୍ୟୁଷର କୁୟାଶା ଏବଂ ବାତାୟନ ନିଶୀଥର ସଂଗୀତ ଓ ନିସ୍ତବ୍ଧତା।

ପୋଷାକ

ତା'ପରେ ଜଣେ ତନ୍ତୀ କହିଲେ, "ଆପଣ ପୋଷାକ ସମ୍ପର୍କରେ ଆମକୁ କିଛି କହନ୍ତୁ।"

ଆଉ ସିଏ କହିଲେ:

ତୁମର ପୋଷାକ ଅଧିକାଂଶ ସୁନ୍ଦରତାକୁ ଢାଙ୍କି କରି ରଖେ, କିନ୍ତୁ କୁରୂପତାକୁ ଲୁଚାଇ ପାରେନି।

ଆଉ ତୁମେ ଯଦି ପୋଷାକ ଭିତରେ ସଂଗୋପନରେ ରହିଥିବା ସ୍ୱାଧୀନତାର ସନ୍ଧାନ କର, ହୁଏତ ତୁମେ ପାଇଯିବ ଶୃଙ୍ଖଳା ଓ ବନ୍ଧନ।

ସୂର୍ଯ୍ୟାଲୋକ ଏବଂ ପବନ ସଙ୍ଗେ ତୁମର ସାକ୍ଷାତ ପରିଚ୍ଛଦହୀନ ଭାବେ ଯେତେଟା ହେବା ସମ୍ଭବ, ପୋଷାକରେ ଶରୀରକୁ ଢାଙ୍କି ଦେବା ସେତେଟା ନୁହେଁ।

କାରଣ ଜୀବନର ଶ୍ୱାସ-ପ୍ରଶ୍ୱାସ ରହିଛି ସୂର୍ଯ୍ୟାଲୋକରେ ଏବଂ ପବନରେ ରହିଛି ଜୀବନର କରସ୍ପର୍ଶ।

ତୁମ ଭିତରୁ କେହି କେହି କହନ୍ତି, " ଉତ୍ତରର ପବନ ଆମ ପୋଷାକକୁ ବୁଣିଛି।"

ଆଉ ମୁଁ କହେ, ଏହା ହିଁ ଉତ୍ତର ପବନ,

କିନ୍ତୁ ତାର ତନ୍ତର ଏକମାତ୍ର ଲକ୍ଷ୍ୟ ଥିଲା ଲଜ୍ଜା ନିବାରଣ ଏବଂ ସ୍ନାୟୁଗୁଡ଼ିକୁ ନରମ କରିବା ଥିଲା ସୂତାର ଲକ୍ଷ୍ୟ।

ଆଉ କାର୍ଯ୍ୟଟି ଶେଷ ହୋଇଯିବା ପରେ ସିଏ ଅରଣ୍ୟକୁ ଯାଇ ହସି ଉଠେ।

ଏହା ଭୁଲିଯାଅନି ଯେ ଶାଳୀନତା ଜଣେ ଅଭଦ୍ର ଲୋକର ନିଜର ବିରୁଦ୍ଧରେ ଗୋଟିଏ ପର୍ଦ୍ଦା।

ଆଉ ଯେତେବେଳେ ଅଭଦ୍ର ଲୋକର ଅସ୍ତିତ୍ୱ ରହିବନି, ସେତେବେଳେ ଶାଳୀନତା ମନର ବେଡ଼ି ଓ ବିକୃତି ଛଡ଼ା କଣ ହୋଇପାରେ?

ଆଉ ଏହା ଭୁଲି ଯାଅନି ଯେ ଧରିତ୍ରୀ ତୁମର ନଗ୍ନ ପଦଯୁଗଳର ସ୍ପର୍ଶ ପାଇ ଆନନ୍ଦିତା ହୁଏ ଏବଂ ପବନ ତୁମ ମୁଣ୍ଡର କେଶଦାମ ସହିତ ଖେଳିବାକୁ ଚାହେଁ।

କ୍ରୟ ଓ ବିକ୍ରୟ

ଆଉ ଜଣେ ବ୍ୟବସାୟୀ କହିଲେ, "କ୍ରୟ ଓ ବିକ୍ରୟ ବିଷୟରେ ଆମକୁ କିଛି କହନ୍ତୁ।"

ଆଉ ସିଏ ତାଙ୍କ ଉତ୍ତରରେ କହିଲେ:

ଧରିତ୍ରୀ ତାର ଫଳଟି ତୁମ ହାତକୁ ଟେକି ଦିଏ ଆଉ ସେତେବେଳ ପର୍ଯ୍ୟନ୍ତ ତୁମେ କିଛି ଚାହଁନି, ଯେତେବେଳେଯାଏଁ ତୁମେ ଶିଖିଛ ହାତ ଦୁଇଟିକୁ କେମିତି ଭାବରେ ପୂର୍ଣ୍ଣ କରି ନେବାକୁ ହୁଏ।

କିନ୍ତୁ ଧରିତ୍ରୀର ଉପହାରଗୁଡ଼ିକର ବିନିମୟ କଲେ ତୁମକୁ ପ୍ରଚୁର ପରିମାଣରେ ମିଳିବ ଓ ତୁମେ ସନ୍ତୁଷ୍ଟ ହେବ।

କିନ୍ତୁ ଯଦି ସେହି ଆଦାନ-ପ୍ରଦାନ ପ୍ରେମ ଏବଂ ନ୍ୟାୟର ମାଧ୍ୟମରେ ସମ୍ପନ୍ନ ନହୁଏ, ତେବେ କେହି କେହି ଲୋକ ହେବେ ଲୋଭାତୁର ଏବଂ ଅନ୍ୟମାନେ ଅଭୁକ୍ତ ହୋଇ ରହିଯିବେ।

ସମୁଦ୍ରରେ ଓ ଚାଷଜମିରେ ଏବଂ ଅଙ୍ଗୁର-କ୍ଷେତରେ କାର୍ଯ୍ୟରତ ଶ୍ରମଜୀବୀ ମଣିଷମାନେ, ତୁମ୍ଭେମାନେ ଯେତେବେଳେ ବଜାରକୁ ଆସି ତନ୍ତୀ ଓ କୁମ୍ଭାର ଏବଂ ମସଲା ଏକତ୍ରିତ କରୁଥିବା ଲୋକଙ୍କୁ ଭେଟ,

ସେତେବେଳେ ତୁମର ଆବାହନ ମନ୍ତ୍ରରେ ଡାକି ଆଣ ଧରିତ୍ରୀର ମହାନ ଆତ୍ମାକୁ, ଯେମିତି ସିଏ ତୁମ ମଝିକୁ ଆସି ପବିତ୍ର କରିଦିଏ ନିକିତିକୁ ଏବଂ ତୁମର ବିଚାର ବିବେଚନାକୁ- ଯାହା ଓଜନ ସହିତ ମୂଲ୍ୟର ପରିମାପ ସ୍ଥିର କରେ।

ଯେଉଁମାନେ ଶୂନ୍ୟ ହାତରେ ଆସନ୍ତି ଏବଂ ସେମାନଙ୍କ କଥାର ବିନିମୟରେ ତୁମର ଶ୍ରମ ନେଇଯିବାକୁ ଚାହାନ୍ତି, ସେମାନଙ୍କ ଆଚରଣରେ ତୁମେ ଧୈର୍ଯ୍ୟହରା ହୁଅନି।

ଏହିପରି ଲୋକଙ୍କୁ ତୁମେ କହିବା ଉଚିତ:

"ଆମ ସହିତ କ୍ଷେତକୁ ଆସ ଅଥବା ଆମ ଭାଇମାନଙ୍କ ସହିତ ସମୁଦ୍ରକୁ ଯାଇ ଜାଲ ଫିଙ୍ଗ;

କାରଣ ଏହି ମାଟି ଏବଂ ଏହି ସମୁଦ୍ର ଆମ ପରି ତୁମ ପ୍ରତି ଅତି ବଦାନ୍ୟ ହେବ।"

ଆଉ ଯଦି ଗାୟକ, ନର୍ତ୍ତକ ଏବଂ ବଂଶୀବାଦକ ଆସନ୍ତି, ତୁମେ ତାଙ୍କର ଉପହାରଗୁଡ଼ିକୁ କିଣି ନିଅ।

କାରଣ ସେମାନେ ମଧ୍ୟ ଶ୍ରମଲବ୍ଧ ଫଳ ଏବଂ ନିର୍ମଳ ସୁଗନ୍ଧର ସଂଗ୍ରହକାରୀ ଏବଂ ସେମାନେ ଯାହା କିଛି ନେଇକରି ଆସନ୍ତି ତାହା ସ୍ୱପ୍ନରେ ଗଢ଼ା ହେଲେ ବି ତାହା ହେବ ତୁମର ଆତ୍ମା ପାଇଁ ଖାଦ୍ୟ ଓ ଭୂଷଣ।

ତୁମେ ବଜାରକୁ ଛାଡ଼ିଯିବା ଆଗରୁ ଦେଖି ନିଅ କେହି ଯେମିତି ଖାଲି ହାତରେ ନଯାଏ।

କାରଣ ଯେଉଁ ମଣିଷଟି ସମସ୍ତଙ୍କ ଭିତରେ ଅଧମ, ତାହାର ପ୍ରୟୋଜନ ନ ମେଣ୍ଟାଇବା ପର୍ଯ୍ୟନ୍ତ ଧରିତ୍ରୀର ଆତ୍ମା ଶାନ୍ତିର ସହିତ ଶୋଇ ପାରିବନି ପବନରେ।

ଅପରାଧ ଓ ଶାସ୍ତି

ତା'ପରେ ସହରର ଜଣେ ବିଚାରପତି ଠିଆହେଲେ ଏବଂ କହିଲେ, "ଅପରାଧ ଓ ଶାସ୍ତି ପ୍ରସଙ୍ଗରେ କିଛି କହନ୍ତୁ।"

ଆଉ ସିଏ ଉତ୍ତରରେ କହିଲେ:

ଯେତେବେଳେ ତୁମର ଆତ୍ମା ପବନରେ ଭାସିଯାଏ,

ସେହି ମୁହୂର୍ତ୍ତରେ, ଯେମିତି ତୁମେ ଏକା ଏବଂ ଅରକ୍ଷିତ, ଅନ୍ୟ ପ୍ରତି ଅନ୍ୟାୟ କର, ସୁତରାଂ ନିଜ ପ୍ରତି ମଧ୍ୟ।

ଆଉ ସେହି ଅନ୍ୟାୟ କାର୍ଯ୍ୟ ପାଇଁ ତୁମକୁ ଆଶୀର୍ବାଦପ୍ରାପ୍ତ ମଣିଷଟିର ଦୁଆର ବାଡ଼େଇବାକୁ ହେବ ଏବଂ ଉପେକ୍ଷା ସତ୍ତ୍ୱେ ଅପେକ୍ଷା କରିବାକୁ ପଡ଼ିବ।

ସମୁଦ୍ର ଯେମିତି ତୁମର ଐଶ୍ୱରିକ ସତ୍ତା;

ସିଏ ଚିରକାଳ ରହିଥାଏ କଳୁଷମୁକ୍ତ।

ଆଉ ଇଥର ପରି ସିଏ ଉପରକୁ ଉଠାଇ ନିଏ, କିନ୍ତୁ ସେମାନଙ୍କୁ ଯେଉଁମାନଙ୍କର ଡେଣା ଅଛି।

ତୁମର ଐଶ୍ୱରିକ ସତ୍ତା ସୂର୍ଯ୍ୟ ପରି; ସିଏ ଜାଣେନି ଚୁଚୁନ୍ଦ୍ରାର ଯିବା ବାଟ ଅଥବା ଖୋଜେନି ସର୍ପର ଗର୍ତ୍ତକୁ ବି।

କିନ୍ତୁ ତୁମର ଐଶ୍ୱରିକ ସତ୍ତା ତୁମ ଭିତରେ ଏକାକୀ ବିଚରଣ କରେନି।

ଏହାର ଆଧିକ୍ୟ ତୁମକୁ କରେ ସ୍ଥବିର ଏବଂ ମଣିଷ ହିସାବରେ ଅପୂର୍ଣ୍ଣ।

ସିଏ ଏକ ଆକାରହୀନ ବାମନ, ଯିଏ ଘୂମନ୍ତ ଅବସ୍ଥାରେ କୁୟାଶା ଭିତର ଦେଇ ଚାଲିଯାଏ ନିଜର ଜାଗରଣକୁ ଖୋଜିବା ପାଇଁ।

ତୁମ ଭିତରର ସେହି ମଣିଷକୁ ନେଇ ମୁଁ କିଛି କହିବାକୁ ଚାହେଁ।

କାରଣ, ସିଏ ହିଁ ତୁମେ; ତୁମର ଐଶ୍ୱରିକ ସତ୍ତା ଅଥବା କୁୟାଶାମଗ୍ନ ବାମନ ନୁହେଁ, ଯିଏ ଅପରାଧ ଏବଂ ଅପରାଧର ଶାସ୍ତି ପ୍ରସଙ୍ଗରେ ଜାଣେ।

ପ୍ରାୟତଃ ମୁଁ ତୁମ ଭିତରୁ ଏମିତି ଜଣକୁ କଥା କହିବାର ଶୁଣେ ଯେ ଅପରାଧୀ ଆଉ ସିଏ ଯେମିତି ତୁମର କେହି ନୁହେଁ, ସିଏ ତୁମ ପାଖରେ ଜଣେ ଅଜ୍ଞାତ ବ୍ୟକ୍ତି ଏବଂ ତୁମ ଦୁନିଆରେ ଜଣେ ଅନଧିକାର ପ୍ରବେଶକାରୀ।

ହେଲେ ମୁଁ ତୁମକୁ କହେ, ଜଣେ ପବିତ୍ର ଓ ଧାର୍ମିକ ମଣିଷ ଗୋଟିଏ ସୀମାର ଉପରକୁ ଉଠି ପାରେନି, ଯିଏ ତୁମ୍ଭମାନଙ୍କ ମଧ୍ୟରୁ ପ୍ରତ୍ୟେକଙ୍କ ଭିତରେ ସ୍ଥିତ,

ତେଣୁ ସେହି ଯୁକ୍ତିରେ ଜଣେ ଶଠ ଏବଂ ଦୁର୍ବଳ ମଣିଷ ଗୋଟିଏ ନୀଚତର ସ୍ଥାନରୁ ନୀଚତମ ସ୍ଥାନକୁ ଖସି ଯାଇ ପାରେନି, ଯିଏ ତୁମ ଭିତରେ ବି ଥାଏ।

ଆଉ କୌଣସି ବୃକ୍ଷର ଗୋଟିଏ ପତ୍ର ସେମିତି ପୀତବର୍ଣ୍ଣ ହୋଇଯାଏନି, ତାହା ସମଗ୍ର ବୃକ୍ଷଟିର ନୀରବ ସମର୍ଥନରେ ହିଁ ଘଟେ,

ତେଣୁ ଅନ୍ୟାୟକାରୀ ପକ୍ଷରେ ଅନ୍ୟାୟ କରିବା ସମ୍ଭବ ହୁଏନି ତୁମ ସମସ୍ତଙ୍କର ସୁପ୍ତ ଇଚ୍ଛା ବିନା।

ଗୋଟିଏ ଶୋଭାଯାତ୍ରା ପରି ତୁମେ ସବୁ ଏକା ସାଙ୍ଗରେ ଯାଅ ଆପଣାର ଐଶ୍ୱରିକ ସତ୍ତା ଆଡ଼େ।

ତୁମ୍ଭେମାନେ ହିଁ ପଥ ଏବଂ ପଥିକ।

ଆଉ ତୁମ ଭିତରୁ ଜଣେ ତଳକୁ ଖସି ପଡ଼େ, ତାହା ତା ପଛରେ ଥିବା ଲୋକମାନଙ୍କ ପାଇଁ ଘଟିଥାଏ, ବାଟରେ ଥିବା ପଥରରେ ଠୋକର ଖାଇ ପଡ଼ିଯିବାରୁ ସେମାନଙ୍କୁ ବଞ୍ଚାଇବା ପାଇଁ।

ହଁ, ଆଉ ତାର ପଡ଼ିଯିବା ପାଇଁ ଆଗରେ ଥିବା ଲୋକମାନେ ଦାୟୀ, ଯେଉଁମାନେ ଯେଉଁମାନେ ଦ୍ରୁତ ଓ ନିଶ୍ଚିତ ପଦକ୍ଷେପରେ ଚାଲିଥାନ୍ତି, କିନ୍ତୁ ବାଟରେ ପଡ଼ିଥିବା ପଥରକୁ କାଢ଼ନ୍ତିନି।

ଆଉ ଏକଥା ତୁମ୍ଭମାନଙ୍କର ହୃଦୟକୁ ଭାରାକ୍ରାନ୍ତ କରିବ:

ନିହତକୁ ତା ନିଜର ମୃତ୍ୟୁର ଦାୟରୁ ମୁକ୍ତ କରାଯାଇ ନ ପାରେ,

ଏବଂ ସର୍ବସ୍ୱାନ୍ତ ମଣିଷଟି ତାର ଅବସ୍ଥାର ଦାୟରୁ ମୁକ୍ତ ନୁହେଁ।

ଧାର୍ମିକ ମଣିଷଟି ଶଠର କୃତକର୍ମ ବିଷୟରେ ଅଜ୍ଞ ନୁହେଁ,

ଏବଂ ନିଷ୍କଳଙ୍କ ମଣିଷ କେବେହେଲେ ଦୁର୍ବୃତ୍ତର ପାଖରେ ପରିଚ୍ଛନ୍ନ ରହି ପାରିବନି।

ହଁ, ପାପୀ ଅନେକ ସମୟରେ ଆଘାତପ୍ରାପ୍ତର ଶିକାର।

ଆଉ ନିନ୍ଦିତ ହିଁ ଅପାପବଦ୍ଧ ଏବଂ ନିର୍ଦ୍ଦୋଷମାନଙ୍କର ବୋଝ ବହନକାରୀ।

ତୁମେ ନ୍ୟାୟକୁ ଅନ୍ୟାୟଠାରୁ ଏବଂ ଭଲକୁ ମନ୍ଦଠାରୁ ଅଲଗା କରି ପାରିବନି;

କାରଣ, ସେମାନେ ଏକାସାଙ୍ଗରେ ସୂର୍ଯ୍ୟ ଆଡ଼େ ମୁହଁ କରି ରହିଥାନ୍ତି, ଯେମିତି କଳା ଓ ଧଳା ସୂତା ଏକତ୍ର ବୁଣାଯାଇଥାଏ।

ଆଉ ଯଦି କଳା ସୂତାଟି ଛିଣ୍ଡିଯାଏ, ତନ୍ତୀକୁ ଦେଖିବାକୁ ପଡ଼ିବ ସମଗ୍ର ବସ୍ତ୍ରଟିକୁ ଏବଂ ତନ୍ତଟିକୁ ମଧ୍ୟ ପରୀକ୍ଷା କରିବାକୁ ହେବ।

ତୁମ ଭିତରୁ ଯଦି କେହି ଅବିଶ୍ୱାସିନୀ ପତ୍ନୀକୁ ବିଚାର ପାଇଁ ନେଇ ଆସେ,

ସିଏ ଯେମିତି ନିଜର ହୃଦୟଟିକୁ ନିକିତିରେ ଓଜନ କରିବା ପାଇଁ ଏବଂ ଆତ୍ମାକୁ ମାପିକରି ଦେଖିବାକୁ ପ୍ରସ୍ତୁତ ହୋଇ ରହିବା ଆବଶ୍ୟକ।

ଆଉ ଯିଏ ଦୋଷୀକୁ କଷାଘାତ କରିବା ପାଇଁ ପ୍ରସ୍ତୁତ, ସିଏ ଥରେ କ୍ଷତିଗ୍ରସ୍ତର ମନର ଭିତରକୁ ଦେଖୁ।

ଆଉ ତୁମ ଭିତରୁ ଯଦି କେହି ଧାର୍ମିକର ପକ୍ଷ ନେଇ କାହାକୁ ଶାସ୍ତି ଦିଏ ଏବଂ ବିଷବୃକ୍ଷଟିକୁ କୁଠାରାଘାତ କରେ, ତାହେଲେ ସେହି ଗଛର ମୂଳର ସନ୍ଧାନ ନିଅ;

ଆଉ ଭଲ ଓ ମନ୍ଦ, ଫଳଦାୟୀ ଓ ନିଷ୍ଫଳା, ଏହି ସବୁର ମୂଳରେ ପହଞ୍ଚିଲେ ଦେଖାଯିବ ଧରିତ୍ରୀର ନିଶ୍ଚୁପ ହୃଦୟରେ ସେଗୁଡ଼ିକ ଗୋଟିଏ ଅପରର ସଙ୍ଗେ ଅଙ୍ଗାଙ୍ଗୀଭାବେ ଜଡ଼ିତ।

ଆଉ ତୁମେ ଠିକ୍ କର କିଏ ନ୍ୟାୟପରାୟଣ,

ସେହି ମଣିଷଟିକୁ ତୁମେ କେମିତି ଭାବରେ ବିଚାର କରିବ, ଯିଏ ବାହ୍ୟିକଭାବେ ସତ୍, କିନ୍ତୁ ଆତ୍ମାରେ ଅସତ୍?

ଯିଏ ତାର ଶରୀରକୁ ହତ୍ୟା କରେ ଅଥଚ ଆତ୍ମିକ ଭାବରେ ମୃତ, ତା ଉପରେ ତୁମେ କଣ ଜୋରିମାନା ସାବ୍ୟସ୍ତ କରିବ?

ଯେଉଁ ବ୍ୟବହାରରେ ଜଣେ ପ୍ରତାରକ ଓ ଅତ୍ୟାଚାରୀ ଏବଂ ଏକାସାଙ୍ଗରେ କ୍ଷତିଗ୍ରସ୍ତ ଓ ଅପମାନିତ, ତା ବିରୁଦ୍ଧରେ ଅଭିଯୋଗ କେମିତି ଆଣିବ?

ଯାହାର ଅନୁଶୋଚନା ତା ଅପକର୍ମଠାରୁ ବେଶି, ତାକୁ କେମିତି ଶାସ୍ତି ଦେବ?

ଅନୁଶୋଚନା କଣ ସେହି ବିଚାର ନୁହେଁ, ଯେଉଁ ବିଧି ପ୍ରତି ତୁମେ ବିଶ୍ୱସ୍ତ ହୋଇ ତାର ସେବା କରିବା ପାଇଁ ପ୍ରୟାସ କରୁଛ?

ତଥାପି ତୁମେ ନିରପରାଧ ଉପରେ ଅନୁଶୋଚନା ଲଦି ଦେଇ ପାରିବନି କିମ୍ବା ଦୋଷୀର ହୃଦୟରୁ ତାହା କାଢ଼ିନେଇ ପାରିବନି।

ରାତ୍ରି ହେଲେ ପୁରୁଷମାନେ ଜାଗି ଉଠି ସ୍ୱତଃସ୍ଫୂର୍ତ୍ତ ଭାବରେ ନିଜ ନିଜ ପ୍ରତି ଦୃଷ୍ଟି ନିକ୍ଷେପ କରି ପାରନ୍ତି।

ଆଉ ନ୍ୟାୟକୁ ଠିକ୍ ଭାବରେ ବୁଝିବାର ଅଭିଳାଷ ଯାହାର ଅଛି, ତାକୁ ପୂର୍ଣ୍ଣ ପ୍ରକାଶରେ ନଦେଖିଲା ପର୍ଯ୍ୟନ୍ତ, ତୁମେ ତାକୁ କେମିତି ଜାଣି ପାରିବ ?

କେବଳ ସେତିକି ବେଳେ ତୁମେ ବୁଝି ପାରିବ ଦଣ୍ଡାୟମାନ ଏବଂ ପତିତ ଅସଲରେ ଜଣେ ମଣିଷ, ଯିଏ ତାର ବାମନାକୃତି ନୈଶ୍ୟସତ୍ତା ଏବଂ ଐଶ୍ୱରିକ ଦିବା-ସତ୍ତାର ଅନ୍ଧାର-ଆଲୁଅ ଭିତରେ ଠିଆ ହୋଇଥାଏ।

ଆଉ ମନ୍ଦିରଟିର ଭିତ୍ତି ପ୍ରସ୍ତରଟିର ଉଚ୍ଚତା କିନ୍ତୁ ଭିତ୍ତିର ଶେଷତମ ସୋପାନଟିର ଅପେକ୍ଷା ବେଶି ଉଚ୍ଚ ନୁହେଁ।

ଆଇନ୍

ତା'ପରେ ଜଣେ ଆଇନଜୀବୀ କହିଲେ, "କିନ୍ତୁ ଆମ ଆଇନ୍-କାନୁନ୍ ବିଷୟଟି କଣ, ପ୍ରଭୁ ?"

ଆଉ ସିଏ ଉତ୍ତର ଦେଲେ:

ତୁମେ ଆଇନ୍ ପ୍ରଣୟନ କରି ଆନନ୍ଦ ପାଅ, କିନ୍ତୁ ତୁମେ ସେଗୁଡ଼ିକୁ ଭଙ୍ଗ କରି ଆହୁରି ବେଶି ଆନନ୍ଦିତ ହୁଅ।

ସାଗର ବେଳାରେ ଖେଳରେ ମଗ୍ନ ପୁଅଝିଅମାନଙ୍କ ପରି ଯେଉଁମାନେ ବାଲି-ସୌଧ ଗଢ଼ନ୍ତି ଏବଂ ହସି ହସି ସେମାନେ ତାହା ଭାଙ୍ଗି ଦିଅନ୍ତି।

କିନ୍ତୁ ତୁମେ ସବୁ ଯେତେବେଳେ ତୁମର ବାଲି-ସୌଧ ତିଆରି କର, ସେତେବେଳେ ସମୁଦ୍ର ଆହୁରି ବାଲି କୂଳକୁ ନେଇ ଆସେ,

ଏବଂ ତୁମେ ଯେତେବେଳେ ସୌଧଗୁଡ଼ିକୁ ଭାଙ୍ଗି ଦିଅ ସେତେବେଳେ ତୁମ ସହିତ ସମୁଦ୍ର ହସି ଉଠେ।

କିନ୍ତୁ ଯେଉଁସବୁ ମଣିଷମାନଙ୍କ ପାଇଁ ଜୀବନ ଗୋଟିଏ ସମୁଦ୍ର ନୁହେଁ କିମ୍ବା ମନୁଷ୍ୟ-ସୃଷ୍ଟ ଆଇନ୍ ବାଲି-ସୌଧ ନୁହେଁ,

କିନ୍ତୁ ଯେଉଁମାନଙ୍କ ପାଖରେ ଜୀବନ ଗୋଟିଏ ପ୍ରସ୍ତର ଖଣ୍ଡ ପରି ଏବଂ ଆଇନ୍ ସେହି ନିହାଣ ଯାହା ସାହାଯ୍ୟରେ ସେମାନେ ନିଜର ପସନ୍ଦ ମୁତାବକ ରୂପ ଦେଇ ପାରନ୍ତି ?

ଯେଉଁ ପଙ୍ଗୁ ବ୍ୟକ୍ତି ନର୍ତ୍ତକମାନଙ୍କୁ ଘୃଣା କରେ ତାକୁ ତୁମେ କଣ କହିବ ?

ଯେଉଁ ବଳଦ ତା କାନ୍ଧରେ ଯୁଆଳିକୁ ଭଲପାଏ ଏବଂ ମନେକରେ ଅରଣ୍ୟରେ ରହୁଥିବା ବାରଶିଂଘା ଏବଂ ହରିଣ ପଥଭ୍ରଷ୍ଟ ଓ ଯାଯାବର, ତା ସମ୍ବନ୍ଧରେ କଣ କହିବ ?

ଯେଉଁ ବୃଦ୍ଧ ସର୍ପ ନିଜର କାତି ତ୍ୟାଗ କରି ପାରେନି ଏବଂ ଅନ୍ୟକୁ ନଗ୍ନ ଓ ଲଜ୍ଜାହୀନ ବୋଲଇ ସମ୍ବୋଧନ କରେ, ତା ସମ୍ବନ୍ଧରେ କଣ କହିବ ?

ଆଉ ଯେଉଁ ବ୍ୟକ୍ତି ସର୍ବାଗ୍ରେ ବିବାହ ଭୋଜିରେ ପହଞ୍ଚେ ଏବଂ ଆକଣ୍ଠ ଭୋଜନ ପରେ ଯେତେବେଳେ କ୍ଳାନ୍ତ ଶରୀରକୁ ନେଇ ପ୍ରତ୍ୟାବର୍ତ୍ତନର ପଥରେ ଚାଲେ, ସମସ୍ତ ଭୋଜନ ଅନୁଚିତ ଏବଂ ଭୋଜନକାରୀମାନେ ଆଇନ୍‌ଭଙ୍ଗକାରୀ, ସେମାନଙ୍କ ସମ୍ବନ୍ଧରେ କଣ କହିବ ?

ସେମାନଙ୍କ ବିଷୟରେ ମୁଁ ଆଉ କଣ କହିବି ଯେ ସେମାନେ ସୂର୍ଯ୍ୟାଲୋକରେ ଠିଆ ହୋଇଛନ୍ତି, କିନ୍ତୁ ନିଜ ପିଠିକୁ ସୂର୍ଯ୍ୟ ଆଡ଼େ କରି ?

ସେମାନେ ନିଜର ଛାଇକୁ ଦେଖନ୍ତି ଏବଂ ସେମାନଙ୍କର ଛାଇ ହେଉଛି ତାଙ୍କର ଆଇନ୍ ।

ଆଉ ସୂର୍ଯ୍ୟ ସେମାନଙ୍କ ପାଖରେ ଛାୟା ବିସ୍ତାରକାରୀ ଛଡ଼ା ଆଉ କଣ ?

ନତ ହୋଇ ଆଇନ୍‌କୁ ମାନି ନେବାକୁ ହେଲେ ଧରିତ୍ରୀର ଉପରେ ବିସ୍ତୃତ ତାର ଛାଇକୁ ଖୋଜି ବାହାର କରିବା ଛଡ଼ା ଆଉ ଉପାୟ କଣ ?

କିନ୍ତୁ ତୁମ୍ଭମାନଙ୍କ ମଧ୍ୟରୁ ଯେଉଁମାନେ ନିଜ ମୁହଁକୁ ସୂର୍ଯ୍ୟ ଆଡ଼େ ରଖିକରି ଚାଲୁଛନ୍ତି ଏବଂ ପୃଥିବୀ ଉପରେ ତୁମ୍ଭମାନଙ୍କର ଯେଉଁ ଆକୃତି ତିଆରି ହେଉଛି, ତାହା କଣ ତୁମ୍ଭମାନଙ୍କୁ ଅଟକାଇ ପାରିବ ?

ତୁମ୍ଭମାନଙ୍କ ମଧ୍ୟରୁ ଯେଉଁମାନେ ପବନ ସହିତ ଚାଲନ୍ତି, କେଉଁ ପାଣିପାଗ-ଯନ୍ତ୍ର ତାଙ୍କର ଯାତ୍ରାପଥ ଠିକ୍ କରିଦିଏ ?

କେଉଁ ମଣିଷର ଆଇନ୍ ତୁମକୁ ବାନ୍ଧି ରଖି ପାରିବ ଯଦି ତୁମେ ତୁମର ଯୁଆଳିକୁ କୌଣସି ବ୍ୟକ୍ତିର କାରାଗାର ଦ୍ୱାର ବ୍ୟତୀତ ଅନ୍ୟ କୌଣସି ସ୍ଥାନରେ ଭାଙ୍ଗି ଦିଅ ?

ଆଉନ୍‌କୁ ଡରିବାର କାରଣ କଣ ଯଦି ନୃତ୍ୟ କଲାବେଳେ କାହାର ଲୌହ ଶୃଙ୍ଖଳରେ ଚୋଟ ନ ଲାଗେ ?

ସିଏ କିଏ ସେ ଯିଏ ତୁମକୁ ଆଇନ୍‌ର ଆଗକୁ ଆଣି ଠିଆ କରିବ, ଯଦି ତୁମେ ନିଜର ପୋଷାକକୁ ଛିନ୍ନ ଛିନ୍ନ କରି କୌଣସି ଲୋକର ବାଟରେ ନ ଫିଙ୍ଗ ?

ଅର୍ଫାଲେଜ୍‌ର ଲୋକମାନେ, ଯଦି ତୁମର ଡ୍ରମ୍‌ର ଶବ୍ଦକୁ କମେଇ ପାର ଏବଂ ବାଦ୍ୟଯନ୍ତ୍ରର ତାରଗୁଡ଼ିକୁ ଅଲଗା ରଖିପାର ତାହେଲେ ଗୀତ ନ ଗାଇବା ପାଇଁ କିଏ ସେ ଭରତପକ୍ଷୀକୁ ଆଦେଶ ଦେଇ ପାରିବ ?

ସ୍ୱାଧୀନତା

ଏହାପରେ ଜଣେ ବାଗ୍ମୀ କହିଲେ, "ଆପଣ ସ୍ୱାଧୀନତା ସମ୍ପର୍କରେ ଆମକୁ କହନ୍ତୁ।"

ଆଉ ସିଏ ଉତ୍ତର ଦେଲେ:

ସହରର ପ୍ରବେଶ ଦ୍ୱାରରେ ଏବଂ ତୁମ ବାସଗୃହରେ ମୁଁ ତୁମକୁ ଅବନତ ହେବାର ଦେଖିଛି ଏବଂ ପୂଜା କରିବାର ଦେଖିଛି ତୁମ ନିଜର ସ୍ୱାଧୀନତାକୁ,

କ୍ରୀତଦାସମାନେ ଠିକ୍ ସେମିତି ସେମାନଙ୍କର ନିଷ୍ଠୁର ମୁନିବଙ୍କ ଆଗରେ ପ୍ରଣତ ହୋଇ ତାଙ୍କର ଗୁଣ କୀର୍ତ୍ତନ କରନ୍ତି, ଯଦିଓ ସିଏ ସେମାନଙ୍କର ହତ୍ୟା କରନ୍ତି।

ହଁ, ମନ୍ଦିରର ତରୁବିଥି ତଳେ ଏବଂ ସହରର ଦୁର୍ଗର ପ୍ରାଙ୍ଗଣର ଛାୟାରେ ଦେଖିଛି, ତୁମ୍ଭମାନଙ୍କ ଭିତରୁ ଯେଉଁମାନେ ସର୍ବ ବନ୍ଧନମୁକ୍ତ ସେମାନେ ବି କାନ୍ଧର ଯୁଆଳି ଓ ହାତର ବେଡ଼ି ପରି ନିଜର ସ୍ୱାଧୀନତାକୁ ଧାରଣ କରିଛନ୍ତି।

ତାହା ଦେଖି କରି ମୋ ହୃଦୟର ନିଭୃତରେ ରକ୍ତକ୍ଷରଣ ଘଟେ, ତୁମ୍ଭେମାନେ ଯେତେବେଳେ ମୁକ୍ତି ଅନ୍ୱେଷଣର ଆକାଂକ୍ଷାକୁ ଏକ ବନ୍ଧନ ମନେ କରିବ ଏବଂ ତୁମ୍ଭେମାନେ ଯେତେବେଳେ ମୁକ୍ତି ଲାଭକୁ ତୁମ୍ଭମାନଙ୍କର ଲକ୍ଷ୍ୟ କିମ୍ବା ଅର୍ଜନ ରୂପେ ଉଲ୍ଲେଖ ବି କରିବନି କେବଳ ସେତେବେଳେ ତୁମ୍ଭେମାନେ ପ୍ରକୃତ ଅର୍ଥରେ ସ୍ୱାଧୀନ ହେବ।

ଦିବସ ଯେଉଁଠାରେ ଯାତନାମୟ, ନିଶୀଥ ଯେଉଁଠାରେ ଅଭାବ ଅନାଟନରେ ଦୁଃଖମୟ, ସେଠାରେ ତୁମ୍ଭେମାନେ ଯଦି ମୁକ୍ତି ପାଇବାକୁ ଚାହଁ,

ତେବେ ତୁମ୍ଭମାନଙ୍କର ଜୀବନକୁ ଏହି ଜିନିଷଗୁଡ଼ିକ ଘେରି ରହିଥିବା ସତ୍ତ୍ୱେ ଯେତେବେଳେ ତୁମେ ସବୁ ନଗ୍ନ ଏବଂ ବନ୍ଧନହୀନ ଭାବରେ ଏସବୁର ଉର୍ଦ୍ଧ୍ୱକୁ ଉଠିଯିବ।

କିନ୍ତୁ ତୁମ୍ଭମାନଙ୍କର ଉପଲବ୍ଧିର ଉଷାଲଗ୍ନରେ ଯେଉଁ ଶୃଙ୍ଖଳ ବନ୍ଧନ ଆପଣାର ମଧ୍ୟାହ୍ନର ଦେହରେ ପିନ୍ଧିଛ ତାକୁ କାଟି ନ ଦେଲେ ଦିନ ରାତିର ବନ୍ଧନରୁ ଉପରକୁ ଉଠିବ କେମିତି ?

ଅସଲରେ ତୁମ୍ଭେମାନେ ଯାହାକୁ ସ୍ୱାଧୀନତା ମନେ କର ତାହା ସର୍ବ-କଠିନ

ଶୃଙ୍ଖଳ, ଯଦିଓ ତାର କଡ଼ା ଗୁଡ଼ିକ ସୂର୍ଯ୍ୟାଲୋକରେ ଝଲସି ଉଠି ତୁମ୍ଭମାନଙ୍କର ଆଖିକୁ ଜଳକା କରିଦିଏ।

ଆଉ ମୁକ୍ତିଲାଭ ପାଇଁ ତୁମ୍ଭମାନଙ୍କୁ ଯାହା ଫିଙ୍ଗି ଦେବାକୁ ହେବ ତାହା ତୁମ୍ଭମାନଙ୍କର ସତ୍ତାର କିଛି ବିଛିନ୍ନ କ୍ଷୁଦ୍ର ଅଂଶ କଣ ଆଉ କିଛି ?

ତୁମ୍ଭେମାନେ ଯେଉଁ ଅନ୍ୟାୟ ଆଇନ୍‌ଟିକୁ ଅବଲୁପ୍ତ କରିବାକୁ ଚାହଁ, ସେହି ଆଇନ୍ ତୁମ୍ଭେମାନେ ନିଜ ହାତରେ ନିଜ ଲଲାଟରେ ଲେଖିଛ।

ତୁମ୍ଭେମାନେ ଯଦି ଆଇନ୍‌ର ସମସ୍ତ ପୁସ୍ତକ ପୋଡ଼ି ଦିଅ କିମ୍ବା ବିଚାରକମାନଙ୍କର ଲଲାଟରେ ସମୁଦ୍ରକୁ ଢାଳି ଦିଅ ତେବେ ବି ତୁମ୍ଭେମାନେ ସେହି ଆଇନ୍‌କୁ ଲୋପ କରି ପାରିବନି।

ତୁମ୍ଭେମାନେ ଯଦି କୌଣସି ସ୍ୱେଚ୍ଛାଚାରୀ ଶାସକକୁ ସିଂହାସନଚ୍ୟୁତ କରିବାକୁ ଚାହଁ, ତେବେ ସର୍ବ ପ୍ରଥମେ ତୁମ୍ଭମାନଙ୍କ ହୃଦୟରେ ପ୍ରତିଷ୍ଠିତ ତାର ସିଂହାସନଟିକୁ ନଷ୍ଟ କରିବାକୁ ହେବ।

କାରଣ ଜଣେ ଅତ୍ୟାଚାରୀ କେମିତି ସ୍ୱାଧୀନଚେତା ଆଉ ଗର୍ବିତକୁ ଶାସନ କରିପାରିବ, ନିଜର ସ୍ୱାଧୀନତାରେ ସ୍ୱେଚ୍ଛାଚାର ଏବଂ ଗର୍ବବୋଧରେ ଲଜ୍ଜା ବିଦ୍ୟମାନ ନଥିଲେ ?

ଆଉ ସେହି ଚିନ୍ତା ଯାହାକୁ ତୁମ୍ଭେମାନେ ଛାଡ଼ି ଦେବାକୁ ଚାହୁଁଛ, ତାହା ନିଜ ଇଚ୍ଛାରେ ଆପଣେଇ ନେଇଛ, କେହି ତାକୁ ତୁମ୍ଭମାନଙ୍କ ଉପରେ ଲଦି ଦେଇନି।

ଆଉ ଯେଉଁ ଭୀତିକୁ ତୁମ୍ଭେମାନେ କାଢ଼ିଦେବାକୁ ଚାହଁ, ସେହି ଭୀତିର ଆସନ ତୁମ୍ଭମାନଙ୍କ ହୃଦୟରେ ରହିଛି, ତୁମ୍ଭେମାନେ ଯାହାକୁ ଭୟ କର ତା' ଭିତରେ ନୁହେଁ।

ଅର୍ଦ୍ଧ-ଆଶ୍ଳିଷ୍ଟ ସେହିସବୁ ଜିନିଷଗୁଡ଼ିକର ବାସ ତୁମ ଭିତରେ- ବାଞ୍ଛିତ ଓ ଭୟାବହ, ଅପ୍ରୀତିକର ଓ ଅଭିଷ୍ଟ। ଯାହାର ତୁମ୍ଭେମାନେ ଅନୁସରଣ କରୁଛ କିମ୍ବା ଯାହା ପାଖରୁ ଦୂରେଇ ଯିବାକୁ ଚାହୁଁଛ।

ତୁମ ଭିତରେ ଏହି ଜିନିଷଗୁଡ଼ିକ ଆଲୋକ ଅନ୍ଧକାର ପରି ଯୁଗ୍ମ ଭାବରେ ହାତ ଧରାଧରି ହୋଇ ଚାଲନ୍ତି।

ଆଉ ଯେତେବେଳେ ଛାୟାଟି ମିଳେଇ ଯାଏ ଏବଂ ଯେଉଁ ଆଲୋକ ଦୀର୍ଘ ସମୟ ଯାଏଁ ଆଲୋକିତ ହୋଇଥାଏ, ତାହା ଅନ୍ୟ ଏକ ଆଲୋକର ଛାୟାରେ ପରିଣତ ହୁଏ।

ସେହି କାରଣରୁ ଯେତେବେଳେ ତୁମ୍ଭମାନଙ୍କର ସ୍ୱାଧୀନତା ଶୃଙ୍ଖଳମୁକ୍ତ ହୁଏ, ତାହା ପରିଣତ ହୁଏ ବୃହତ୍ତର ସ୍ୱାଧୀନତାର ଶୃଙ୍ଖଳରେ।

ଯୁକ୍ତି ଓ ଆବେଗ

ଆଉ ଜଣେ ଧର୍ମଯାଜିକା ପୁଣି ଥରେ କହିଲେ, "ଯୁକ୍ତି ଓ ଆବେଗ ସମ୍ପର୍କରେ ଆମକୁ କହନ୍ତୁ।"

ଆଉ ସିଏ ଉତ୍ତରରେ କହିଲେ:

ତୁମର ଆତ୍ମା ସତତ ଏକ ରଣକ୍ଷେତ୍ର, ଯେଉଁଠାରେ ତୁମର ଯୁକ୍ତି ଆଉ ବିଚାର ବୁଦ୍ଧି ତୁମର ଆବେଗ ଏବଂ କ୍ଷୁଧାର ବିରୁଦ୍ଧରେ ଯୁଦ୍ଧଘୋଷଣା କରନ୍ତି।

ଯଦି ମୁଁ ତୁମ ହୃଦୟର ଶାନ୍ତିସ୍ଥାପକ ହୋଇଥାନ୍ତି, ତାହେଲେ ଅନୈକ୍ୟ ଏବଂ ଦ୍ୱନ୍ଦ୍ୱକୁ ଐକ୍ୟ ଓ ସଂଗୀତରେ ରୂପାନ୍ତରିତ କରି ଶାନ୍ତିସ୍ଥାପନ କରିଥାନ୍ତି।

କିନ୍ତୁ ମୁଁ ତାହା କେମିତି କରିପାରିବି, ଯେତେବେଳଯାଏଁ ତୁମ୍ଭେମାନେ ନିଜେ ଶାନ୍ତିସ୍ଥାପକ ଏବଂ ତାହାଠାରୁ ବି ଅଧିକ ନିଜର ସବୁ ଅବୟବର ପ୍ରେମୀ ହୋଇ ନ ଯାଅ ?

ଯୁକ୍ତି ଓ ଆବେଗ ହେଲା ତୁମ୍ଭମାନଙ୍କର ଜାହାଜର କୋଣ ଏବଂ ତୁମ୍ଭମାନଙ୍କର ସମୁଦ୍ରଯାତ୍ରୀ ଆତ୍ମାର ପାଲ।

ଯଦି କେବେ ତୁମ୍ଭମାନଙ୍କର ଜାହାଜର କୋଣ ବା ପାଲ ନଷ୍ଟ ହୋଇଯାଏ, ଅଣଆୟତ୍ତ ହୋଇ ଏଣେତେଣେ ଭଟକିବାକୁ ପଡ଼ିଥାଏ, ଅଥବା ମଝି ସମୁଦ୍ରରେ ଅଟକିଯିବାକୁ ହୁଏ।

ଯୁକ୍ତି ପାଇଁ ନିୟମ ହିଁ ନିୟନ୍ତ୍ରଣ କରୁଥିବା ଶକ୍ତି ଏବଂ ଅନିୟନ୍ତ୍ରିତ ଆବେଗ ଏମିତି ଗୋଟିଏ ଅଗ୍ନିଶିଖା, ଯାହା ଜାଳି କରି ସ୍ୱୟଂକୁ ହିଁ ନଷ୍ଟ କରିଦିଏ।

ସୁତରାଂ, ତୁମ୍ଭମାନଙ୍କର ଆତ୍ମା ଯୁକ୍ତିକୁ ଆବେଗର ସେହି ଉଚ୍ଚତମ ସ୍ଥାନକୁ ନେଇ ଯାଉ, ଯାହାଫଳରେ ତୁମ୍ଭମାନଙ୍କର ଆତ୍ମା ଗୀତ ଗାଇ ପାରିବ;

ଏବଂ ତୁମ୍ଭମାନଙ୍କର ଆବେଗ ଯୁକ୍ତି ଦ୍ୱାରା ନିୟନ୍ତ୍ରିତ ହେଉ, ଯାହାଫଳରେ

ଆବେଗ ନିତ୍ୟ ପୁନରୁଜ୍ଜୀବିତ ହୁଏ ଏବଂ ଫିନିକ୍ସ ପକ୍ଷୀ ପରି ନିଜର ଭସ୍ମରୁ ଉଠି ଆସେ।

ତୁମ୍ଭମାନଙ୍କର ଦୁଇଟି ପ୍ରିୟ ଅତିଥି- ବିଚାରବୁଦ୍ଧି ଓ କ୍ଷୁଧା ପ୍ରସଙ୍ଗରେ ମୁଁ ତୁମ୍ଭମାନଙ୍କୁ ଭାବି ଦେଖିବାକୁ କହିବି।

ନିଶ୍ଚିତ ଭାବରେ ତୁମ୍ଭେମାନେ ଜଣକ ଅପେକ୍ଷା ଅନ୍ୟଜଣକ ପ୍ରତି ବେଶି ସମ୍ମାନ ଦେଖାଇବନି;

କାରଣ ଯେଉଁ ବ୍ୟକ୍ତି ଜଣକ ପ୍ରତି ବେଶି ଯତ୍ନଶୀଳ ହୁଏ, ସିଏ ଉଭୟଙ୍କର ଭଲପାଇବା ଏବଂ ବିଶ୍ୱାସ ହରାଏ।

ଯେତେବେଳେ ପାହାଡ଼ରେ ତୁମ୍ଭେମାନେ ଶୁଭ୍ର ଚିନାର (ପପ୍‌ଲାର) ବୃକ୍ଷର ଶୀତଳ ଛାୟାରେ ବସି ଦୂରବର୍ତ୍ତୀ କ୍ଷେତ ଏବଂ ତୃଣଭୂମି ଆଡ଼େ ଅନାଇ କରି ସୁଖ ଓ ଶାନ୍ତି ଅନୁଭବ କର, ତୁମ୍ଭମାନଙ୍କର ଆତ୍ମା କହିଉଠୁ, "ଈଶ୍ୱରଙ୍କ ବାସ ଯୁକ୍ତି ଭିତରେ।"

ଆଉ ଯେବେ ଝଡ଼ ଆସେ, ପବନର ତୀବ୍ରତା ଅରଣ୍ୟକୁ ଦୋହଲାଇ ଦିଏ ଏବଂ ଘଡ଼ଘଡ଼ି ଓ ବିଜୁଳି ଆକାଶ ଉପରେ ଆଧିପତ୍ୟ ଘୋଷଣା କରନ୍ତି, ସେତେବେଳେ ତୁମ୍ଭମାନଙ୍କର ଆତ୍ମା ସଂଭ୍ରମରେ କହି ଉଠୁ, "ଈଶ୍ୱର ଆବେଗ ଭିତରେ ବିଚରଣ କରନ୍ତି।"

ଆଉ ଯେହେତୁ ତୁମ୍ଭେମାନେ ଈଶ୍ୱରଙ୍କର ପରିମଣ୍ଡଳରେ ଏକ ପ୍ରଶ୍ୱାସ ଏବଂ ତାଙ୍କ ଅରଣ୍ୟର ଗୋଟିଏ ପତ୍ର, ତୁମ୍ଭେମାନେ ମଧ୍ୟ ଯୁକ୍ତିରେ ସ୍ଥିର ଏବଂ ଆବେଗରେ ଗତିଶୀଳ ହେବା ଉଚିତ।

ଯନ୍ତ୍ରଣା

ଆଉ ଜଣେ ସ୍ତ୍ରୀଲୋକ କହିଲେ, "ଆମକୁ ଯନ୍ତ୍ରଣା ବିଷୟରେ କହନ୍ତୁ।"

ଆଉ ସିଏ କହିଲେ:

ଯେଉଁ ଆବରଣଟି ତୁମ୍ଭମାନଙ୍କର ବୋଧଶକ୍ତିକୁ ଢାଙ୍କି କରି ରଖେ, ତାକୁ ଭାଙ୍ଗି ଦେବା ହେଉଛି ଯନ୍ତ୍ରଣା।

ଯେମିତି କୌଣସି ଫଳର କଠିନ ଆବରଣ ଭାଙ୍ଗିବା ପରେ, ହୋଇପାରେ ତାର କେନ୍ଦ୍ରୀୟ ଭାଗକୁ ଖରାରେ ରହିବାକୁ ପଡ଼ିବ, ସେଥିପାଇଁ ତୁମ୍ଭମାନଙ୍କର ଯନ୍ତ୍ରଣାର ଜ୍ଞାନ ରହିବା ଉଚିତ।

ତୁମ୍ଭମାନଙ୍କର ଦୈନନ୍ଦିନ ଜୀବନର ଆଲୌକିକ ଘଟଣାସମୂହରେ ଯଦି ତୁମ୍ଭମାନଙ୍କର ହୃଦୟ ଚକିତ ହୁଏ, ତେବେ ତୁମ୍ଭମାନଙ୍କର ଯନ୍ତ୍ରଣା ତୁମ୍ଭମାନଙ୍କର ଆନନ୍ଦ ଅପେକ୍ଷା କମ୍ ଚମକପ୍ରଦ ହେବନି।

ଆଉ ତୁମ୍ଭେମାନେ ଯେମିତି ଫସଲ କ୍ଷେତ ଉପରେ ବିଭିନ୍ନ ଋତୁର ପରିବର୍ତ୍ତନକୁ ସର୍ବଦା ମାନି ନିଅ, ସେମିତି ତୁମ୍ଭମାନଙ୍କର ହୃଦୟର ଋତୁ ବୈଚିତ୍ର୍ୟକୁ ମାନି ନେବ।

ଆଉ ତୁମ୍ଭମାନଙ୍କର ଯନ୍ତ୍ରଣାର ଶୈତ୍ୟ ମଧ୍ଯ ଦେଇ ଯିବାବେଳେ ତୁମ୍ଭେମାନେ ମନର ଶାନ୍ତିର ସହିତ ସବୁକିଛି ଦେଖିପାରିବ।

ତୁମ୍ଭମାନଙ୍କର ଯନ୍ତ୍ରଣାର ଅଧିକାଂଶ ଭାଗ ସ୍ୱନିର୍ବାଚିତ।

ତୁମ୍ଭମାନଙ୍କ ଭିତରେ ରହିଥିବା ଚିକିତ୍ସକ ଯିଏ ସଂଜୀବନି ଦେଇ ରୁଗ୍ଣ ସତ୍ତାଟିକୁ ସୁସ୍ଥ କରେ, ଯନ୍ତ୍ରଣା ହେଉଛି ସେହି ତିକ୍ତ ସଂଜବନି

ଅତଏବ ତୁମ୍ଭେମାନେ ଚିକିତ୍ସକକୁ ବିଶ୍ୱାସ କର ଏବଂ ସ୍ତବ୍ଧତା ଓ ଶାନ୍ତିର ମଧ୍ୟ ଦେଇ ତାଙ୍କର ଔଷଧକୁ ପାନ କର।

କାରଣ ଚିକିତ୍ସକଙ୍କର ହସ୍ତଟି ଭାରୀ ଏବଂ ଦୃଢ଼ ହେଲେ ବି ଅଦୃଶ୍ୟର କୋମଳ ହସ୍ତ ଦ୍ୱାରା ନିୟନ୍ତ୍ରିତ।

ଆଉ ଯେଉଁ ପିଆଲାଟିକୁ ସିଏ ଧରି କରି ଉଠାନ୍ତି, ଯାହା ଦ୍ୱାରା ତୁମ୍ଭମାନଙ୍କର ଓଠଗୁଡ଼ିକ ପୋଡ଼ି ଯାଏ, ତେବେ ସେହି ପିଆଲାଟି କୁମ୍ଭକାର ଦ୍ୱାରା ମୃତ୍ତିକାରେ ଗଢ଼ା ତାଙ୍କର ପବିତ୍ର ଅଶ୍ରୁଜଳରେ ଭିଜି କରି।

ଆତ୍ମଜ୍ଞାନ

ଆଉ ଜଣେ ଲୋକ କହିଲେ, "ଆତ୍ମଜ୍ଞାନ ସମ୍ବନ୍ଧରେ ଆମକୁ କିଛି କହନ୍ତୁ।"

ସିଏ ଉତ୍ତରରେ କହିଲେ:

ସ୍ତବ୍ଧତା ଭିତରେ ତୁମ୍ଭମାନଙ୍କର ହୃଦୟ ଦିବା-ରାତ୍ରିର ରହସ୍ୟକୁ ଜାଣେ।

କିନ୍ତୁ ତୁମ୍ଭମାନଙ୍କର କର୍ଣ୍ଣ ଆତ୍ମଜ୍ଞାନର ଧ୍ୱନିଟି ଶୁଣିବା ପାଇଁ ତୃଷାର୍ତ୍ତ।

ଶବ୍ଦରେ ତୁମ୍ଭେମାନେ କେବଳ ତାକୁ ଜାଣିବ, ଯାହାକୁ ସବୁବେଳେ ତୁମ୍ଭେମାନେ ନିଜ ବିଚାରରେ ଜାଣିଛ।

ତୁମ୍ଭେମାନେ ସ୍ୱପ୍ନରେ ଦେଖିଥିବା ନଗ୍ନ ଦେହଗୁଡ଼ିକୁ ନିଜ ଆଙ୍ଗୁଳିରେ ସ୍ପର୍ଶ କରିବ।

ଆଉ ତୁମ୍ଭମାନଙ୍କର ତାହା କରିବା ଉଚିତ।

ତୁମ୍ଭମାନଙ୍କର ଆତ୍ମାର ଗୋପନ ପ୍ରସ୍ରବଣ ଅବଶ୍ୟ ଉପରକୁ ଉଠି ଆସିବ ଏବଂ କଳ କଳ ଧ୍ୱନି କରି ସମୁଦ୍ର ଆଡ଼କୁ ଧାଇଁ ଯିବ;

ଆଉ ତୁମ୍ଭମାନଙ୍କର ଅସୀମ ଗଭୀରତାର ଐଶ୍ୱର୍ଯ୍ୟ ଚକ୍ଷୁ ସମ୍ମୁଖରେ ପ୍ରକଟ ହେବ।

କିନ୍ତୁ ସେଠାରେ ଯେମିତି ସେହି ଅଜ୍ଞାତ ଧନରତ୍ନର ଓଜନ କରିବା ପାଇଁ ନିକିତି ନ ରହେ;

ଏବଂ କୌଣସି ଦଣ୍ଡ ବା ଶବ୍ଦର ସୀମାରେଖା ଦେଇ ଜ୍ଞାନର ଗଭୀରତାକୁ ବୁଝିବାକୁ ଚାହଁନି।

କାହିଁକି ନା ଅସ୍ତିତ୍ୱ ଏମିତି ଗୋଟିଏ ସାଗର ପରି, ଯାହା ଅନନ୍ତ ଏବଂ ଯାହାକୁ ମାପି ହେବନି।

କେବେହେଲେ କହନି, "ମୁଁ ସତ୍ୟଟିକୁ ଖୋଜି କରି ପାଇଛି", ବରଂ କହ, "ମୁଁ ଗୋଟିଏ ସତ୍ୟ ଖୋଜି କରି ପାଇଛି।"

ଏକଥା କହନି, "ମୁଁ ଆତ୍ମାର ପଥଟିକୁ ଖୋଜି କରି ପାଇଛି", ବରଂ କହ, "ମୋର ଯିବା ବାଟରେ ଆତ୍ମା ସହିତ ମୋର ଦେଖା ହୋଇ ଯାଇଛି।"

କାରଣ ସବୁବାଟଦେଇ ଆତ୍ମା ବିଚରଣ କରୁଥାଏ।

ଆତ୍ମା କେବେହେଲେ ସରଳ ରେଖାରେ ଯାତ୍ରା କରେନି, କୌଣସି ନଳ ଗଛ ପରି ତାର ବୃଦ୍ଧି ହୁଏନି।

ଆତ୍ମା ନିଜକୁ ଉନ୍ମୋଚିତ କରେ, ଅସଂଖ୍ୟ ପାଖୁଡ଼ା ଥିବା ଗୋଟିଏ ପଦ୍ମ ଫୁଲ ପରି।

ଶିକ୍ଷାଦାନ

ତା'ପରେ ଜଣେ ଶିକ୍ଷକ କହିଲେ, "ଶିକ୍ଷା ବିଷୟରେ ଆମକୁ କହନ୍ତୁ।

ଆଉ ସିଏ କହିଲେ:

ତୁମ୍ଭମାନଙ୍କର ଜ୍ଞାନର ଉନ୍ମେଷ ଲଗ୍ନରୁ ତୁମ୍ଭମାନଙ୍କ ଭିତରେ ଯାହା କିଛି ଅର୍ଦ୍ଧସୁପ୍ତ ଅଛି, ତାର ବାହାରେ ଆଉ କେହି ତୁମ୍ଭମାନଙ୍କୁ କିଛି ପ୍ରକାଶ କରି ପାରେନି।

ଯେଉଁ ଶିକ୍ଷକ ତାଙ୍କର ଶିଷ୍ୟମାନଙ୍କୁ ସାଙ୍ଗରେ ନେଇ ମନ୍ଦିରରୁ ମନ୍ଦିରକୁ ଘୂରି ବୁଲନ୍ତି ସିଏ ତାଙ୍କର ଜ୍ଞାନଦାନ କରନ୍ତିନି, ବରଂ ତାଙ୍କର ବିଶ୍ୱାସ ଏବଂ ତାଙ୍କର ଭଲପାଇବା ଦାନ କରନ୍ତି।

ସିଏ ଯଦି ପ୍ରକୃତରେ ଜ୍ଞାନୀ ହୋଇଥାନ୍ତି ତେବେ ସିଏ ତାଙ୍କର ଜ୍ଞାନ-ମନ୍ଦିରକୁ ତୁମ୍ଭମାନଙ୍କୁ ଆହ୍ୱାନ କରିବେନି, ବରଂ ସିଏ ତୁମ୍ଭମାନଙ୍କୁ ପଥ ଦେଖାଇ ତୁମ୍ଭମାନଙ୍କର ମନର ଦ୍ୱାର ପାଖକୁ ନେଇଯାନ୍ତି।

ଖଗୋଳଶାସ୍ତ୍ରୀ ଅନ୍ତରୀକ୍ଷ ସମ୍ବନ୍ଧରେ ତାଙ୍କର ଉପଲବ୍ଧି ତୁମ୍ଭମାନଙ୍କ ପାଖରେ ବର୍ଣ୍ଣନା କରିପାରନ୍ତି, କିନ୍ତୁ ସିଏ ତାଙ୍କର ଉଲପବ୍ଧି ତୁମ୍ଭମାନଙ୍କୁ ଦେଇ ପାରିବେନି।

ଗାୟକ ହୁଏତ ସର୍ବତ୍ର ବିରାଜମାନ ଛନ୍ଦରେ ଗୀତ ଗାଇ ପାରିବେ, କିନ୍ତୁ ସିଏ ତୁମ୍ଭମାନଙ୍କର ସେହି ଶ୍ରବଣେନ୍ଦ୍ରିୟ, ଯାହା ସେହି ଛନ୍ଦଟିକୁ ଧରିପାରେ ଅଥବା ସେହିସ୍ୱର, ଯେଉଁଠାରେ ତାହା ଧ୍ୱନିତ ହୁଏ, ଦାନ କରି ପାରନ୍ତିନି।

ଆଉ ଯିଏ ସଂଖ୍ୟା-ବିଜ୍ଞାନୀ ସିଏ ଓଜନ ବା ମାପ ପ୍ରସଙ୍ଗରେ କହି ପାରନ୍ତି, କିନ୍ତୁ ତୁମ୍ଭମାନଙ୍କୁ ସେହି ଜ୍ଞାନର ଜଗତରେ ପହଞ୍ଚାଇ ଦେଇ ପାରନ୍ତିନି।

କାରଣ, ଜଣକର ଦୃଷ୍ଟି କେବେ ବି ଅନ୍ୟଜଣକୁ ଉଡ଼ିବା ପାଇଁ ତାର ଡେଣା ଦେଇ ପାରେନି।

କାହିଁକି ନା ଜଣେ ବ୍ୟକ୍ତିର ଦର୍ଶନ ଅନ୍ୟ ବ୍ୟକ୍ତିକୁ ସମଦର୍ଶୀ କରେନି।

ଆଉ ଯଦି ତୁମ୍ଭେମାନେ ଈଶ୍ୱରଚେତନାରେ ଏକାକୀ, ତୁମ୍ଭମାନଙ୍କ ଭିତରୁ ପ୍ରତ୍ୟେକ ଈଶ୍ୱରଙ୍କ ସମ୍ବନ୍ଧରେ ନିଜର ଜ୍ଞାନ ଏବଂ ପୃଥିବୀ ସମ୍ପର୍କରେ ନିଜର ଉପଲବ୍ଧି କ୍ଷେତ୍ରରେ ଏକାକୀ ହେବାକୁ ପଡ଼ିବ।

ବନ୍ଧୁତ୍ୱ

ଆଉ ଜଣେ ଯୁବକ କହିଲେ, "ବନ୍ଧୁତ୍ୱ ବିଷୟରେ ଆପଣ ଆମକୁ କହନ୍ତୁ।"

ଆଉ ସିଏ ଉତ୍ତରରେ କହିଲେ:

ତୁମ୍ଭମାନଙ୍କର ବନ୍ଧୁ ତୁମ୍ଭମାନଙ୍କର ପ୍ରୟୋଜନର ଉତ୍ତର।

ସିଏ ତୁମ୍ଭମାନଙ୍କର ଚାଷଭୂମି, ଯେଉଁଥିରେ ତୁମ୍ଭେମାନେ ପ୍ରେମର ବୀଜ ବପନ କର ଏବଂ ଧନ୍ୟବାଦର ଫସଲ କାଟ।

ସିଏ ତୁମ୍ଭମାନଙ୍କର ଭୋଜନ କକ୍ଷ ଏବଂ ତୁମ୍ଭମାନଙ୍କର ବିଶ୍ରାମ କକ୍ଷ।

ତୁମ୍ଭେମାନେ କ୍ଷୁଧା ନେଇ ତାଙ୍କ ପାଖକୁ ଆସ ଏବଂ ତାଙ୍କ ପାଖରୁ ଶାନ୍ତି ପାଇବାକୁ ଚାହଁ।

ତୁମ୍ଭମାନଙ୍କର ବନ୍ଧୁ ଯେତେବେଳେ ତାଙ୍କ ମନର କଥା ତୁମ୍ଭମାନଙ୍କୁ କହନ୍ତି, ତୁମ୍ଭେମାନେ 'ନା' ଶବ୍ଦଟି ମନରେ ଆଣିବାକୁ ଡ଼ର, ପୁଣି 'ହଁ' କହିବାକୁ ଅଟକାଇ ରଖି ପାରନି।

ଆଉ ସିଏ ଯେତେବେଳେ ନୀରବ ହୋଇ ରହନ୍ତି ସେତେବେଳେ ତୁମ୍ଭମାନଙ୍କର ହୃଦୟର କଥା ନଶୁଣିବ ବନ୍ଦ କରିଦିଏ;

କାରଣ ଶବ୍ଦ ବିନା, ବନ୍ଧୁତ୍ୱରେ, ସକଳ ଭାବନା ସକଳ କାମନା ଓ ସକଳ ପ୍ରତ୍ୟାଶା ଉତ୍ପନ୍ନ ହୁଏ ଏବଂ ସହଭାଗ ହୁଏ, ଆନନ୍ଦର ସହିତ ଯାହା କେବେହେଲେ ଦାବୀ କରାଯାଏନି।

ଯେତେବେଳେ ତୁମ୍ଭେମାନେ ବନ୍ଧୁଙ୍କ ନିକଟରୁ ବିଦାୟ ନିଅ, ତୁମ୍ଭେମାନେ ଦୁଃଖ କରନି;

କାରଣ ତାଙ୍କ ଭିତରେ ଥିବା ଯେଉଁ ଗୁଣ ତୁମ୍ଭମାନଙ୍କୁ ସବୁଠୁ ବେଶି ଆକୃଷ୍ଟ

କରେ, ତାଙ୍କର ଅନୁପସ୍ଥିତିରେ ତାହା ସବୁଠାରୁ ଅଧିକ ଅନୁଭୂତ ହୁଏ, ଯେମିତି ପର୍ବତାରୋହୀକୁ ପର୍ବତ ପରିଷ୍କାର ଭାବରେ ଦେଖାଯାଏ ସମତଳ ଭୂମିରୁ।

ବନ୍ଧୁତ୍ୱବୋଧ ସୁଦୃଢ଼ କରିବା ଛଡ଼ା ବନ୍ଧୁତ୍ୱର ଅନ୍ୟ କୌଣସି ଉଦ୍ଦେଶ୍ୟ ନ ରହୁ।

କାରଣ ଯଦି ନିଜ ରହସ୍ୟକୁ ପ୍ରକଟ କରିବା ଛଡ଼ା ଅନ୍ୟ କିଛି ଚାହୁଁଛି ତାହେଲେ ତାହା ପ୍ରେମ ନୁହେଁ, ଅଧିକନ୍ତୁ ତାହା ଗୋଟିଏ ଜାଲ ଯେଉଁଥିରେ ଛନ୍ଦି ହୋଇଯିବା ଲାଭପ୍ରଦ ନୁହେଁ।

ଆଉ ତୁମ୍ଭମାନଙ୍କର ସର୍ବୋତ୍ତମ ଯାହା କିଛି ଅଛି ତାକୁ ତୁମ୍ଭମାନଙ୍କର ବନ୍ଧୁଙ୍କ ପାଇଁ ରଖ।

ତୁମ୍ଭମାନଙ୍କର ହୃଦୟର ଭଟ୍ଟାର ଖବର ନ ଜଣେଇଲେ ନାହିଁ, ତେବେ ତୁମ୍ଭେମାନେ ତାଙ୍କୁ ଜୁଆରର ଖବର ଜଣାଇ ଦିଅ।

ତୁମ୍ଭମାନଙ୍କର ବନ୍ଧୁ କଣ ଏଇଥିପାଇଁ ଯେ ତୁମ୍ଭେମାନେ ଅବସର ସମୟ ବିତାଇବା ପାଇଁ ତାଙ୍କୁ ଲୋଡ଼ିବ ?

ବରଂ ତୁମ୍ଭେମାନେ ଜୀବନର ସମୟକୁ ଏକତ୍ର ଉପଭୋଗ କରିବା ପାଇଁ ତାଙ୍କର ଅନ୍ୱେଷଣ କର।

କାରଣ ତୁମ୍ଭମାନଙ୍କର ପ୍ରୟୋଜନ ପୂରଣ କରିବା ହିଁ ତାଙ୍କର କାମ, ତୁମ୍ଭମାନଙ୍କର ଶୂନ୍ୟତା ପୂରଣ କରିବା ନୁହେଁ।

ହାସ୍ୟ କଳରବରେ ଏବଂ ପରସ୍ପର ଆନନ୍ଦ ଉପଭୋଗ କରି ବନ୍ଧୁତ୍ୱ ମଧୁର ହେଉ।

କାରଣ ଛୋଟ ଛୋଟ ବସ୍ତୁ ଉପରେ ଯେଉଁ ଶିଶିରକଣା ଜମିଥାଏ, ହୃଦୟ ସେହିଠାରେ ଖୋଜିପାଏ ତାର ଊଷାଲଗ୍ନ ଏବଂ ପୁନରୁଜ୍ଜୀବିତ ହୁଏ।

କଥାବାର୍ତ୍ତା

ଆଉ ତାପରେ ଜଣେ ବିଦ୍ୱାନ ବ୍ୟକ୍ତି କହିଲେ, "କଥାବାର୍ତ୍ତା ବିଷୟରେ କହନ୍ତୁ।"

ଆଉ ସିଏ ଉତ୍ତରରେ କହିଲେ:

ତୁମ୍ଭେମାନେ ସେତେବେଳେ କଥାବାର୍ତ୍ତା କର, ଯେତେବେଳେ ତୁମ୍ଭମାନଙ୍କୁ ନିଜର ଭାବନାଗୁଡ଼ିକ ପାଖରୁ ଶାନ୍ତି ମିଳିବା ବନ୍ଦ ହୋଇଯାଏ।

ଆଉ ଯେତେବେଳେ ତୁମ୍ଭେମାନେ ହୃଦୟର ନିର୍ଜନତାରେ ବସବାସ କରି ପାରନି, ତୁମ୍ଭମାନଙ୍କର ସ୍ଥାନ ହୁଏ ଓଷ୍ଠରେ ଏବଂ ଶବ୍ଦ ତ କେବଳ ଚିତ୍ତବିନୋଦନ ଏବଂ ବିଷୟାନ୍ତରର ସାଧନ ହୋଇଥାଏ।

ଆଉ ଯେତେବେଳଯାଏଁ ତୁମ୍ଭେମାନେ କଥା କହ, ତାର ବେଶି ଭାଗ ସମୟ ତୁମ୍ଭମାନଙ୍କର ଚିନ୍ତା-ଶକ୍ତି ଥାଏ ଅର୍ଦ୍ଧ-ମୃତ।

କାରଣ ଚିନ୍ତାହେଲା ଅନ୍ତରୀକ୍ଷର ଗୋଟିଏ ପକ୍ଷୀ, ଯିଏ ଶବ୍ଦର ପଞ୍ଜୁରୀରେ ହୁଏତ ତାର ଡେଣାକୁ ମେଲି ପାରିବ, କିନ୍ତୁ ଉଡ଼ି ପାରିବନି।

ତୁମ୍ଭମାନଙ୍କ ମଧ୍ୟରେ ଏମିତି ଅନେକେ ଅଛନ୍ତି ଯେଉଁମାନେ ଏକୁଟିଆ ହୋଇଯିବାର ଭୟରେ ବେଶି କଥା କହୁଥିବା ଲୋକଙ୍କୁ ଖୋଜନ୍ତି।

ଏକାକୀତ୍ୱର ସ୍ତବ୍ଧତା ଆଖି ଆଗରେ ସେମାନଙ୍କର ପ୍ରକୃତ ସ୍ୱରୂପ ଉନ୍ମୋଚିତ କରେ ଏବଂ ସେଥିରୁ ସେମାନେ ନିଜକୁ ଦୂରେଇ ନେବାକୁ ଚାହାନ୍ତି।

ଆଉ ଏମିତି ଅନେକେ ଅଛନ୍ତି ଯେଉଁମାନେ କଥା କହନ୍ତି ଏବଂ ଜ୍ଞାନ କିମ୍ବା ଭାବନା ବର୍ଜିତ କଥା କହୁ କହୁ ସତ୍ୟକୁ ପ୍ରକାଶ କରନ୍ତି, ଯାହା ସେମାନେ ନିଜେ ବି ବୁଝି ପାରନ୍ତିନି।

ଆଉ ଏମିତି ଅନେକେ ଅଛନ୍ତି, ଯେଉଁମାନେ ନିଜ ଭିତରେ ସତ୍ୟକୁ ଧାରଣ କରିଥାନ୍ତି, କିନ୍ତୁ ସେମାନେ ତାହା ଶବ୍ଦରେ ପ୍ରକାଶ କରନ୍ତିନି।

ଏମିତି ବ୍ୟକ୍ତିଙ୍କ ଭିତରେ ଆତ୍ମା ଛନ୍ଦୋମୟ ନୀରବତାରେ ଅବସ୍ଥାନ କରିଥାଏ।

ଯେତେବେଳେ ପଥପାର୍ଶ୍ୱରେ କିମ୍ବା ବଜାରରେ କୌଣସି ବନ୍ଧୁଙ୍କ ସହିତ ଭେଟ ହେବ, ତୁମ୍ଭମାନଙ୍କର ଅନ୍ତରାତ୍ମା ଓଷ୍ଠରେ ଗତିର ସଂଚାର କରୁ ଏବଂ ଜିହ୍ୱାର ପଥ ନିର୍ଦ୍ଦେଶକରୁ।

ତୁମ୍ଭମାନଙ୍କର ଗଭୀରତମ ସ୍ୱର ତାଙ୍କର କର୍ଣ୍ଣକୁହରରେ ପ୍ରବେଶ କରୁ,

କାରଣ ତାଙ୍କର ଆତ୍ମା ତୁମ୍ଭମାନଙ୍କର ହୃଦୟର ସତ୍ୟକୁ ରକ୍ଷା କରିବ, ଯେମିତି ମଦିରାର ସ୍ୱାଦକୁ ମନେ ରଖାଯାଏ।

ଯେତେବେଳେ ରଂଗ ବିସ୍ମୃତ ହୁଏ ଏବଂ ପାନପାତ୍ରର ଚିହ୍ନବର୍ଣ୍ଣ ନଥାଏ।

ସମୟ

ଆଉ ଜଣେ ଖଗୋଳଶାସ୍ତ୍ରୀ କହିଲେ, "ପ୍ରଭୁ, ସମୟର ବିଷୟଟା କଣ?"

ଆଉ ସିଏ କହିଲେ:

ତୁମ୍ଭେମାନେ ସମୟକୁ ମାପିବାକୁ ଚାହଁ, ଯାହା ଅସୀମ ଏବଂ ଅପରିମେୟ।

ପ୍ରହର ଏବଂ ଋତୁ ଅନୁଯାୟୀ ତୁମ୍ଭେମାନେ ନିଜର ଆଚରଣକୁ ବ୍ୟବସ୍ଥିତ କରି ନିଅ ଏମିତି କି ତୁମ୍ଭମାନଙ୍କର ଆତ୍ମାର ଗତିପଥ ନିର୍ଦ୍ଦିଷ୍ଟ କର।

ସମୟ ମଧ୍ୟରୁ ତମ୍ଭେମାନେ ଗୋଟିଏ ସ୍ରୋତର ଧାରା ତିଆରି କର, ଯାହା କୂଳରେ ବସି ତୁମ୍ଭେମାନେ ତାର ପ୍ରବାହକୁ ପରିବେକ୍ଷଣ କରିବାକୁ ଚାହଁ।

ତେବେ ତୁମ୍ଭମାନଙ୍କ ଭିତରେ ଥିବା ଶାଶ୍ୱତ, ଜୀବନର ଶାଶ୍ୱତା ସମ୍ପର୍କରେ ସଚେତନ ରହେ।

ଆଉ ଜାଣେ ଯେ ଗତକାଲି ଆଜିର ସ୍ମୃତି ଏବଂ ଆଗାମୀ କାଲି ସ୍ୱପ୍ନଛଡ଼ା ଆଉ କିଛି ନୁହେଁ।

ଆଉ ଯିଏ ତୁମ୍ଭମାନଙ୍କର ଭିତରେ ବସି ଗୀତ ଗାଏ ଏବଂ ଧ୍ୟାନ କରେ, ସିଏ ଏବେ ବି ସେହି ପ୍ରଥମ ମୁହୂର୍ତ୍ତଟିର ମଧ୍ୟରେ ବସବାସ କରୁଛି ଯେଉଁ ମୁହୂର୍ତ୍ତରେ ତାରକାରାଜି ମହାକାଶରେ ନିକ୍ଷିପ୍ତ ହୋଇଥିଲେ।

ତୁମ୍ଭମାନଙ୍କ ମଧ୍ୟରେ ଏମିତି କିଏ ଅଛି ଯିଏ ତାର ଭଲପାଇବାର ସୀମାହୀନ କ୍ଷମତା ଅନୁଭବ କରେନି?

ଆଉ ତେବେ ବି ଏମିତି ଅନୁଭବ କରେନି ଯେ ସୀମିତ ରହିକରି ନା ତ ସିଏ ଗୋଟିଏ ପ୍ରେମ-ବିଚାର ପାଖରୁ ଅନ୍ୟ ପ୍ରେମ-ବିଚାର ଆଡ଼େ ଚଳମାନ ଏବଂ ନା ସିଏ ଗୋଟିଏ ପ୍ରେମର କୀର୍ତ୍ତି ପାଖରୁ ଅନ୍ୟ ଗୋଟିଏ ପ୍ରେମର କୀର୍ତ୍ତି ଆଡ଼େ ଅଗ୍ରସର ହୁଏ?

ଆଉ ସମୟ କଣ ପ୍ରେମ ପରି ଅବିଭାଜ୍ୟ ଏବଂ ଗତିହୀନ ନୁହେଁ?

କିନ୍ତୁ ତୁମ୍ଭେମାନେ ଯଦି କଳ୍ପନାରେ ଋତୁକୁ ଭାଗ କରି ସମୟ ପରିମାପ କରିବାକୁ ଚାହଁ, ତେବେ ପ୍ରତିଟି ଋତୁକୁ ଅନ୍ୟ ଋତୁଗୁଡ଼ିକ ଘେରି କରି ରହନ୍ତୁ।

ଏବଂ ବର୍ତ୍ତମାନ ଯେମିତି ଅତୀତକୁ ସମଗ୍ର ସ୍ମୃତି ନେଇ ଏବଂ ଭବିଷ୍ୟତକୁ ଆପଣାର ଆକାଂକ୍ଷା ଦ୍ୱାରା ଆଲିଙ୍ଗନ କରୁ।

ଭଲ ଓ ମନ୍ଦ

ଆଉ ସହରର ଜଣେ ବୟସ୍କ ବ୍ୟକ୍ତି କହିଲେ, "ଆପଣ ଭଲ ଓ ମନ୍ଦ ବିଷୟରେ ଆମକୁ କହନ୍ତୁ।"

ଆଉ ସିଏ ଉତ୍ତରରେ କହିଲେ:

ତୁମ୍ଭମାନଙ୍କ ଭିତରେ ଥିବା ଭଲ ବିଷୟରେ ମୁଁ କହିପାରେ, କିନ୍ତୁ ମନ୍ଦ ବିଷୟରେ ନୁହେଁ।

କାରଣ ମନ୍ଦ, ତୁମ୍ଭମାନଙ୍କର କ୍ଷୁଧା ପିପାସାରେ ପୀଡ଼ିତ ଥିବା ଭଲ ଛଡ଼ା ଆଉ କଣ ?

ଏକଥା ଜାଣି ରଖ ଯେ ଭଲ ଯେତେବେଳେ କ୍ଷୁଧାର୍ତ୍ତ ହୁଏ ସେତେବେଳେ ସିଏ ନିଶ୍ଚୟ ଅନ୍ଧକାର ଗୁହାଗୁଡ଼ିକରେ ଖାଦ୍ୟର ସନ୍ଧାନ କରେ ଏବଂ ସିଏ ଯେତେବେଳେ ତୃଷାର୍ତ୍ତ ହୁଏ ସେତେବେଳେ ଆବଦ୍ଧ ଜଳାଶୟରେ ଜଳପାନ କରେ।

ତୁମ୍ଭେମାନେ ସେତେବେଳଯାଏଁ ଭଲ, ଯେତେବେଳଯାଏଁ ତୁମ୍ଭେମାନେ ନିଜର ଅନ୍ତର ସହିତ ଏକାତ୍ମ ହୋଇ ରହିଛ।

ତାର ମାନେ ଏହା ନୁହେଁ ଯେ ତୁମ୍ଭେମାନେ ଯେତେବେଳଯାଏଁ ନିଜର ଅନ୍ତର ସହିତ ଏକାତ୍ମ ନୁହଁ, ସେତେବେଳେ ତୁମ୍ଭେମାନେ ମନ୍ଦ।

କାରଣ ବିଭାଜିତ ଗୃହ ଚୋରମାନଙ୍କର ଆସ୍ଥାନ ନୁହେଁ, ବରଂ ତାହା ଗୋଟିଏ ବିଭାଜିତ ଗୃହ।

ଆଉ କୌଣସି ଜାହାଜର ପଛପଟେ ଲାଗିଥିବା ଗତିଶୀଳଯନ୍ତ୍ର ଭାଙ୍ଗିଗଲେ ଜାହାଜଟି ଦିଶାହୀନ ଭାବରେ ବିପଦସଂକୁଳ ଦ୍ୱୀପପୁଞ୍ଜ ମଧ୍ୟରେ ଭାସେ, କିନ୍ତୁ ସମୁଦ୍ରରେ ବୁଡ଼ି ଯାଏନି।

ତୁମ୍ଭେମାନେ ସେତେବେଳେ ଭଲ, ଯେତେବେଳେ ତୁମ୍ଭେମାନେ ଆପଣାର ଯତ୍ନ ନେବାପାଇଁ ପ୍ରୟାସ କର।

ଅନ୍ୟ ଦିଗରେ ତୁମ୍ଭେମାନେ କିନ୍ତୁ ମନ୍ଦ ନୁହଁ, ଯଦି ନିଜ ପାଇଁ ଲାଭ ଖୋଜ।

କାରଣ ତୁମ୍ଭେମାନେ ଯେତେବେଳେ ଲାଭପ୍ରାପ୍ତ କରିବା ପାଇଁ ସଂଘର୍ଷ କର, ତୁମ୍ଭେମାନେ ଅସଲରେ ସେହି ମୂଳ ଛଡ଼ା ଆଉ କିଛି ନୁହଁ, ଯିଏ ଧରଣୀକୁ ଜାବୁଡ଼ି ଧରିଥାଏ ଏବଂ ତାହାର ସ୍ତନ୍ୟପାନ କରେ।

ଏହା ନିଃସନ୍ଦେହ ଯେ ଫଳ କେବେ ମୂଳକୁ କହି ପାରେନି, "ମୋ ପରି ପରିପକ୍ୱ ଏବଂ ସମ୍ପୂର୍ଣ୍ଣ ହୁଅ ଆଉ ସବୁବେଳେ ନିଜର ପ୍ରାଚୁର୍ଯ୍ୟ ଅନ୍ୟକୁ ପ୍ରଦାନ କରୁଥାଅ।"

କାରଣ ଫଳ ପାଖରେ ଦେବା ହେଉଛି ପୟୋଜନ, ଯେମିତି ମୂଳ ପାଖରେ ଗ୍ରହଣ କରିବା।

ତୁମ୍ଭମାନଙ୍କର କଥାବାର୍ତ୍ତାରେ ତୁମ୍ଭେମାନେ ଯେତେବେଳେ ସମ୍ପୂର୍ଣ୍ଣ ସଜାଗ, ସେତେବେଳେ ତୁମ୍ଭେମାନେ ଭଲ,

ତେବେ ତୁମ୍ଭମାନଙ୍କୁ ଯେତେବେଳେ ତନ୍ଦ୍ରା ଆସେ ଏବଂ ତୁମ୍ଭେମାନଙ୍କର ଜିହ୍ୱା ବିନାକାରଣରେ ଏଣୁତେଣୁ କଥା କହେ, ସେତେବେଳେ ତୁମ୍ଭେମାନେ ମନ୍ଦ ନୁହଁ।

ଆଉ ଏମିତି କି ଅସାବଲୀଳ କଥା ଗୋଟିଏ ଦୁର୍ବଳ ରସନାକୁ ସବଳ କରି ପାରେ।

ତୁମ୍ଭେମାନେ ଯେତେବେଳେ ଅବିଚଳ ଦୃଢ଼ ପଦକ୍ଷେପରେ ତୁମ୍ଭମାନଙ୍କର ଗନ୍ତବ୍ୟ ସ୍ଥାନ ଆଡ଼କୁ ଆଗେଇ ଚାଲ, ସେତେବେଳେ ତୁମ୍ଭେମାନେ ଭଲ।

ତେବେ ତୁମ୍ଭେମାନେ ଯଦି ଛୋଟେଇ କରି ସେଠାରେ ପହଞ୍ଚ, ତୁମ୍ଭମାନେ ମନ୍ଦ ନୁହଁ।

ଯେଉଁମାନେ ଛୋଟେଇ କରି ଚାଲନ୍ତି, ସେମାନେ କିନ୍ତୁ ପଶ୍ଚାଦାଭିମୁଖ ଯାଆନ୍ତିନି।

କିନ୍ତୁ ତୁମ୍ଭେମାନେ ଯେଉଁମାନେ ଶକ୍ତିଶାଳୀ ଏବଂ ଦ୍ରୁତ, ଏକଥା ମନେ ରଖ ଯେ ଛୋଟାଙ୍କ ଆଗରେ ଏହାକୁ ଦୟାଳୁତା ମାନି ତୁମ୍ଭେମାନେ ଛୋଟେଇ କରି ଚାଲନି।

ତୁମ୍ଭେମାନେ ଅସଂଖ୍ୟ ବିବେଚନାରେ ଭଲ ଏବଂ ତୁମ୍ଭେମାନେ ମନ୍ଦ ନୁହଁ ଯେତେବେଳେ ତୁମ୍ଭେମାନେ ଭଲ ନ ହୁଅ।

ତୁମ୍ଭେମାନେ କେବଳ ଆଳସ୍ୟରେ ମନ୍ଥର ହୋଇ ଦିଶା ହରାଇଛ।

କିନ୍ତୁ ହାୟ ! ହରିଣ କଚ୍ଛପକୁ କ୍ଷିପ୍ରତାର ଶିକ୍ଷା ଦେଇ ପାରେନି।

ବିଶାଳତାର ଆକାଂକ୍ଷା ମଧ୍ୟରେ ତୁମ୍ଭମାନଙ୍କର ଭଲପଣିଆ ବାସ କରେ ଏବଂ ସେହି ଆକାଂକ୍ଷା ତୁମ ସମସ୍ତଙ୍କ ମଧ୍ୟରେ ଅଛି।

କିନ୍ତୁ ତୁମ୍ଭମାନଙ୍କ ଭିତରୁ ଅନେକଙ୍କ ମଧ୍ୟରେ ଏହି ଆକାଂକ୍ଷା ଏକ ଜଳସ୍ରୋତ ପରି, ଯାହା ପାହାଡ଼ତଳିର ସବୁ ଗୋପନୀୟତା ଏବଂ ଅରଣ୍ୟର ଗୀତକୁ ସାଙ୍ଗରେ ନେଇ ପ୍ରବଳ ବେଗରେ ସମୁଦ୍ର ଆଡ଼େ ଧାବମାନ।

ଆଉ ଅନ୍ୟମାନଙ୍କ ଭିତରେ ସେହି ଆକାଂକ୍ଷା ଗୋଟିଏ ସମତଳଭୂମିର ନଦୀ, ଯାହା ଅଙ୍କାବଙ୍କା ପଥ ଦେଇ ଧୀରେ ଧୀରେ ସମୁଦ୍ର କୂଳରେ ଆସି ପହଞ୍ଚେ।

କିନ୍ତୁ ଯାହାର ଆକାଂକ୍ଷା ପ୍ରବଳ, ସିଏ ଯେମିତି ଯାହାର ଆକାଂକ୍ଷା ସାମାନ୍ୟ, ତାକୁ ନ କହେ,

"କାହିଁକି ତୁମେ ଏତେ ମନ୍ଥର ଏବଂ ଅଟକି ଅଟକି ଚାଲ ?"

କାରଣ ପ୍ରକୃତ ଭଲ ମଣିଷ କେବେହେଲେ ନଗ୍ନ ମଣିଷକୁ ପ୍ରଶ୍ନ କରେନି, "ତୁମ ପୋଷାକ କେଉଁଠି ?" କିମ୍ବା ଗୃହହୀନ ମଣିଷକୁ ପଚାରେନି, "ତୁମ ଘରର କଣ ହୋଇଛି ?"

ପ୍ରାର୍ଥନା

ତାପରେ ଜଣେ ଧର୍ମଯାଜିକା କହିଲେ, "ପ୍ରାର୍ଥନା ବିଷୟରେ ଆମକୁ କହନ୍ତୁ।"

ଆଉ ସିଏ ତାର ଉତ୍ତରରେ କହିଲେ:

ତୁମ୍ଭେମାନେ ଦୁଃସମୟରେ ଏବଂ ପ୍ରୟୋଜନ ବେଳେ ପ୍ରାର୍ଥନା କର; ତୁମ୍ଭେମାନେ ଚାହିଁଲେ ଆନନ୍ଦର ପୂର୍ଣ୍ଣତା ଏବଂ ପ୍ରାଚୁର୍ଯ୍ୟର ଦିନରେ ପ୍ରାର୍ଥନା କରିପାର।

କାହିଁକି ନା ଜୀବିତ ପରିମଣ୍ଡଳ ଭିତରେ ତୁମ୍ଭମାନଙ୍କର ସଂପ୍ରସାରଣ ଛଡ଼ା ପ୍ରାର୍ଥନା ଆଉ କଣ ହୋଇପାରେ ?

ତୁମ୍ଭେମାନେ ଯଦି ଅନ୍ତରର ଅନ୍ଧକାରକୁ ଶୂନ୍ୟତା ଭିତରେ ଢାଳି ଦେଇ ଆରାମ ପାଅ, ତେବେ ତୁମ୍ଭମାନଙ୍କର ହୃଦୟର ଅରୁଣୋଦୟକୁ ବି ବୁହାଇଦେବା ତୁମ୍ଭମାନଙ୍କର ଆନନ୍ଦର କାରଣ ହେବ।

ଆଉ ଯଦି ତୁମ୍ଭମାନଙ୍କର ଆତ୍ମାର ଡାକ ଆସେ ପ୍ରାର୍ଥନା କରିବା ପାଇଁ କିନ୍ତୁ କାନ୍ଦିବା ଛଡ଼ା ତୁମ୍ଭମାନଙ୍କର ଅନ୍ୟ କୌଣସି ଉପାୟ ନ ରହେ, ତେବେ ତାକୁ କାନ୍ଦିବା ଅବସ୍ଥାରେ ବାରମ୍ବାର ପ୍ରେରିତ କରିବା ଆବଶ୍ୟକ, ଯେତେବେଳଯାଏଁ ତୁମ୍ଭେମାନେ ହସିବା ଆରମ୍ଭ କରିନ।

ପ୍ରାର୍ଥନା ସମୟରେ ତୁମ୍ଭେମାନେ ଗୋଟିଏ ସ୍ତରରେ ସେମାନଙ୍କର ଦେଖା ପାଅ, ଯେଉଁମାନେ ସେହି ସମୟରେ ପ୍ରାର୍ଥନାରତ ଏବଂ ଯେଉଁମାନଙ୍କର ପ୍ରାର୍ଥନା ସମୟ ଛଡ଼ା ତୁମ୍ଭେମାନେ ହୁଏତ ସେମାନଙ୍କୁ ଦେଖି ପାରିବନି।

ଅତଏବ ସେହି ଅଦୃଶ୍ୟ ମନ୍ଦିରକୁ ତୁମ୍ଭମାନଙ୍କର ଆଗମନ ହେଉ କେବଳ ସ୍ୱର୍ଗୀୟ ଆନନ୍ଦଲାଭ ଏବଂ ମଧୁର ଭ୍ରାତୃତ୍ୱର ପାଇଁ।

କାରଣ ଯଦି କେବଳ ଯାଚନାର ଉଦ୍ଦେଶ୍ୟରେ ତୁମ୍ଭେମାନେ ପ୍ରବେଶ କର, ତୁମ୍ଭମାନଙ୍କୁ କିଛି ବି ମିଳିବନି।

ଆଉ ଯଦି ତୁମ୍ଭେମାନେ ସେଠାରେ ଖାଲି ନତମସ୍ତକ ହେବା ପାଇଁ ପ୍ରବେଶ କର, ତାହେଲେ ବି ତୁମ୍ଭମାନଙ୍କର ଉତ୍‌ଥାନ ହେବନି।

ଅଥବା ଏମିତିକି ଯଦି ତୁମ୍ଭେମାନେ ଅନ୍ୟର ଭଲ ପାଇଁ କିଛି ମାଗିବା ଉଦ୍ଦେଶ୍ୟରେ ମନ୍ଦିରକୁ ଯିବ, ତେବେ ବି ତୁମ୍ଭମାନଙ୍କର ଗୁହାରୀ ଶୁଣାଯିବନି।

ତୁମ୍ଭମାନଙ୍କ ପାଇଁ ଅଦୃଶ୍ୟରେ ମନ୍ଦିରକୁ ପ୍ରବେଶ କରିବା ହିଁ ଯଥେଷ୍ଟ।

କେମିତି ପ୍ରାର୍ଥନା କରିବାକୁ ହୁଏ ସେହି ଶିକ୍ଷା, ମୁଁ ତୁମ୍ଭମାନଙ୍କୁ କଥା ମାଧମରେ ଦେଇ ପାରିବିନି।

ଈଶ୍ୱର କେବେହେଲେ ସେହି ସବୁ ଶବ୍ଦ ଶୁଣନ୍ତିନି, ଯଦି ତାଙ୍କ ବାଣୀ ତୁମ୍ଭମାନଙ୍‌କର ଓଷ୍ଠ ଦେଇ ନିସୃତ ହୁଏନି।

ଆଉ ମୁଁ ସମୁଦ୍ର, ଅରଣ୍ୟ କିମ୍ବା ପର୍ବତମାଳାର ପ୍ରାର୍ଥନା ତୁମ୍ଭମାନଙ୍କୁ ଶିଖାଇ ପାରିବିନି।

କିନ୍ତୁ ତୁମ୍ଭେମାନେ, ଯିଏ ସବୁ ପର୍ବତ, ଅରଣ୍ୟ ଏବଂ ସମୁଦ୍ରରୁ ଜନ୍ମିଛି, ସେମାନେ ନିଜର ହୃଦୟରେ ତାଙ୍କର ପ୍ରାର୍ଥନା ଖୋଜି କରି ପାଇବ।

ତୁମ୍ଭେମାନେ ଯଦି ଖାଲି ନିଶୀଥର ନିସ୍ତବ୍ଧତାରେ କାନ ପାତ, ସେହି ନୀରବତାରେ ତୁମ୍ଭେମାନେ ତାହା ଶୁଣିବ,

"ଆହେ ପ୍ରଭୁ, ଆପଣ ଆମର ପକ୍ଷଧାରୀ ସୁଦୂର ପିପାସୀ ଆତ୍ମା ଏବଂ ଆପଣଙ୍କର ଇଚ୍ଛା ହିଁ ଆମର ଇଚ୍ଛା।

ଆପଣଙ୍କର ଇଚ୍ଛା ହିଁ ଆମ ଇଚ୍ଛାକୁ ଜନ୍ମ ଦେଉଛି।

ଆମ୍ଭମାନଙ୍କ ହୃଦୟରେ ଆପଣଙ୍କର ଆକାଂକ୍ଷାରେ ଆମର ଯେଉଁ ରାତ୍ରି ଶେଷ ହୁଏ ତାହା ଆପଣଙ୍କର ଏବଂ ଯେଉଁ ଦିନ ଆରମ୍ଭ ହୁଏ ତାହା ମଧ୍ୟ ଆପଣଙ୍କର।

ଆମ୍ଭେମାନେ ଆପଣଙ୍କ ପାଖରୁ କିଛି ମାଗିପାରୁନି, କାରଣ ଆମ ପ୍ରୟୋଜନର ବିଷୟ ଆପଣ ଜାଣନ୍ତି, ଆମ ଭିତରେ ସେଗୁଡ଼ିକ ଜନ୍ମ ନେବା ପୂର୍ବରୁ।

ଆପଣ ହିଁ ଆମର ଆବଶ୍ୟକତା ଏବଂ ଆପଣ ନିଜେ ନିଜକୁ ଅଧିକତମ ରୂପରେ ଦେଇ ଦେବା ହିଁ ଆମକୁ ସବୁକିଛି ଦେଇଦେବା।"

ଆନନ୍ଦ

ତାପରେ ଜଣେ ସନ୍ନ୍ୟାସୀ, ଯିଏ ବର୍ଷକରେ ଥରେ ସହରକୁ ଆସନ୍ତି, ଆଗେଇ ଆସି କହିଲେ, "ଆମକୁ ଆନନ୍ଦ ବିଷୟରେ କହନ୍ତୁ।"

ଆଉ ସିଏ ଉତ୍ତରରେ କହିଲେ:

ଆନନ୍ଦ ଗୋଟିଏ ମୁକ୍ତିର ଗୀତ,

କିନ୍ତୁ ଏହା ମୁକ୍ତି ନୁହେଁ।

ଏହା ତୁମ୍ଭମାନଙ୍କର ଆକାଂକ୍ଷାଗୁଡ଼ିକର ପ୍ରସ୍ଫୁଟନ,

କିନ୍ତୁ ଏହା ତାର ଫଳ ନୁହେଁ।

ଉଚ୍ଚତାକୁ ଗଭୀରତାର ଏହା ଏକ ଆହ୍ୱାନ, କିନ୍ତୁ ଏହା ଗଭୀର ନୁହେଁ କି ଉଚ୍ଚ ନୁହେଁ।

ଏହା ଗୋଟିଏ ପିଞ୍ଜରାବଦ୍ଧ ପକ୍ଷୀର ଡେଣା ମେଲିବା

କିନ୍ତୁ ଏହା କୌଣସି ଆବଦ୍ଧ ସ୍ଥାନ ନୁହେଁ, ଯାହାକୁ ପ୍ରଦକ୍ଷିଣ କରାଯାଇନି।

ହଁ, ଏହା ସତ କଥା, ଆନନ୍ଦ ଗୋଟିଏ ମୁକ୍ତି-ଗୀତ।

ଆଉ ମୁଁ ଚାହେଁ ତୁମ୍ଭେମାନେ ମନଯୋଗ ସହକାରେ ସେହି ଗୀତକୁ ଗାଅ; କିନ୍ତୁ ମୁଁ ଇଚ୍ଛା କରିବିନି ଯେ ତୁମ୍ଭେମାନେ ଗାଉଥିବାବେଳେ ସେହି ଗୀତରେ ନିଜ ହୃଦୟକୁ ହଜାଇ ଦିଅ।

ତୁମ୍ଭମାନଙ୍କ ଭିତରୁ କତିପୟ ତରୁଣ ଏମିତି ଭାବରେ ଆନନ୍ଦକୁ ଖୋଜନ୍ତି, ଯେମିତି ଏହା ସେମାନଙ୍କର ଚରମ ପ୍ରାପ୍ତି ଏବଂ ତୁମ୍ଭେମାନେ ତାଙ୍କର ବିଚାର କରି ତାଙ୍କୁ ତିରସ୍କାର କର।

ମୁଁ ସେମାନଙ୍କର ବିଚାର କରିବିନି କି ତାଙ୍କୁ ତିରସ୍କାର କରିବିନି। କାରଣ ସେମାନେ ଆନନ୍ଦକୁ ଖୋଜି କରି ପାଇବେ, କିନ୍ତୁ ଖାଲି ତାକୁ ଏକେଲା ନୁହେଁ;

ତାର ସାତ ଭଉଣୀ ଅଛନ୍ତି ଏବଂ ସାତ ଭଉଣୀଙ୍କ ଭିତରେ ଯିଏ ରୂପରେ ସର୍ବାପେକ୍ଷା ନଗଣ୍ୟା ସିଏ ଆନନ୍ଦଠାରୁ ଅଧିକ ରୂପସୀ।

ତୁମ୍ଭେମାନେ କଣ ସେହି ଲୋକଟିର କଥା ଶୁଣିନ ଯିଏ ମାଟିତଳୁ ମୂଳ କାଢ଼ିବା ଲାଗି ମାଟି ଖୋଳିବାକୁ ଯାଇ ଗୁପ୍ତଧନ ପାଇଥିଲା ?

ଆଉ ତୁମ୍ଭମାନଙ୍କ ମଧ୍ୟରେ କିଛି ବୟସ୍କ ଲୋକ ଅଛନ୍ତି, ଯେଉଁମାନେ ଆନନ୍ଦକୁ ଦୁଃଖର ସହିତ ସ୍ମରଣ କରନ୍ତି, ଯେମିତି ନିଶାରେ ରହି ସେମାନେ କିଛି ଭୁଲ କରି ଦେଇଛନ୍ତି।

କିନ୍ତୁ ଅନୁତାପ ମନକୁ ମେଘାଚ୍ଛନ୍ନ କରେ, ଏବଂ ଏହାର ଦଣ୍ଡନିୟମ ନୁହେଁ।

ଆନନ୍ଦକୁ ସେମାନେ କୃତଜ୍ଞଚିତ୍ତରେ ସ୍ମରଣ କରିବା ଉଚିତ; ଯେମିତି ସେମାନେ ଗ୍ରୀଷ୍ମର ଫସଲକଟାବେଳେ କରନ୍ତି।

ତଥାପି ଯଦି ସେମାନଙ୍କୁ ଅନୁତାପ କଲେ ସାନ୍ତ୍ୱନା ମିଳେ, ସେମାନଙ୍କୁ ସାନ୍ତ୍ୱନାପ୍ରାପ୍ତ ହେବାକୁ ଦିଅ।

ଆଉ ତୁମ୍ଭମାନଙ୍କ ଭିତରେ ଏମିତି ଲୋକ ବି ଅଛନ୍ତି, ଯେଉଁମାନେ ତରୁଣ ନୁହନ୍ତି ଯେ ଆନନ୍ଦର ସନ୍ଧାନ କରିବେ କିମ୍ବା ସେମିତି ବୃଦ୍ଧ ନୁହନ୍ତି ଯେ ସେମାନଙ୍କୁ ସ୍ମରଣ କରିବାକୁ ହେବ;

ଆଉ ସେମାନେ ସନ୍ଧାନ ଓ ସ୍ମରଣର ଭୟରେ ସମସ୍ତ ଆନନ୍ଦକୁ ଜଳାଞ୍ଜଳି ଦିଅନ୍ତି, କାଳେ ସେମାନେ ଆତ୍ମାର ଅବହେଳା କରି ପକାଇବେ ଅଥବା ଆତ୍ମା ପ୍ରତି କୌଣସି ଅପରାଧ କରି ବସିବେ।

କିନ୍ତୁ ତଥାପି ସେମାନଙ୍କର ସେହି ଜଳାଞ୍ଜଳି ଦେବାରେ ହିଁ ରହିଛି ତାଙ୍କର ଆନନ୍ଦ।

ଆଉ ଏହିପରି ସେମାନେ ଧନ ଖୋଜି କରି ପାଇଥାନ୍ତି, ଯଦିଓ ସେମାନେ ଏହି ମୂଳଟିକୁ ଖୋଜିବାର କାମ କରନ୍ତି କଂପିତ ହସ୍ତରେ।

କିନ୍ତୁ ମୋତେ କହ, ସିଏ କିଏସେ ଯିଏ ଆତ୍ମାର ଅବମାନନା କରିବ ?

ବୁଲ୍‌ବୁଲ୍ କଣ ନିଶୀଥର ନିସ୍ତବ୍ଧତାକୁ ଭଙ୍ଗ କରିବ ଅଥବା ଖଦ୍ୟୋତ ତାରାମାନଙ୍କର ?

ଆଉ ତୁମ୍ଭମାନଙ୍କର ପ୍ରଦୀପଶିଖା କିମ୍ବା ତୁମ୍ଭମାନଙ୍କର ଧୂଆଁ କଣ ପବନକୁ ଭାରାକ୍ରାନ୍ତ କରିବ ?

ତୁମ୍ଭମାନଙ୍କୁ କଣ ଲାଗୁଛି ଯେ ଆତ୍ମା ଗୋଟିଏ ଶାନ୍ତ ଜଳ-କୁଣ୍ଡ, ଯେଉଁଥିରେ ତୁମ୍ଭେମାନେ କୌଣସି କାଠିଦ୍ୱାରା କଂପନ ସୃଷ୍ଟି କରି ପାରିବ ?

ପ୍ରାୟତଃ ନିଜକୁ ନିଜର ଆନନ୍ଦରୁ ବଞ୍ଚିତ କରି ତୁମ୍ଭେମାନେ ନିଜ ଅସ୍ତିତ୍ୱର କୌଣସି ଏକାନ୍ତ ସ୍ଥାନରେ ଇଚ୍ଛାକୁ ସାଉଁଟି କରି ରଖ।

ଆଉ ଯେଉଁ କାମଟି ଆଜି ତୁମ୍ଭମାନଙ୍କ ପାଖରେ ପରିତ୍ୟକ୍ତ ବୋଲି ମନେ ହୁଏ ତାହା ଆଗାମୀକାଲିର ପ୍ରତୀକ୍ଷାରେ ଅଛି କି ନାହିଁ କିଏ ଜାଣେ ?

ତେବେ ତୁମ୍ଭମାନଙ୍କର ଶରୀର ତାର ଉତ୍ତରାଧିକାର ଏବଂ ବୈଧ ପ୍ରୟୋଜନ ସମ୍ପର୍କରେ ସଚେତନ, ସୁତରାଂ ତାକୁ ଠକି ହେବନି।

ଆଉ ତୁମ୍ଭମାନଙ୍କର ଶରୀର ହେଲା ଆତ୍ମାର ବୀଣା,

ଏବଂ ଏହା ତୁମ୍ଭମାନଙ୍କ ଉପରେ ନିର୍ଭର କରୁଛି ଯେ ତୁମ୍ଭେମାନେ ସେଥିରୁ ମଧୁର ସଂଗୀତ ଉତ୍ପନ୍ନ କରୁଛ ନା ବିଭ୍ରମ ଧ୍ୱନି।

ଆଉ ତୁମ୍ଭେମାନେ ନିଜର ହୃଦୟକୁ ପଚାର, ଯେଉଁ ଆନନ୍ଦ ଭଲ, ଆମେ ତାକୁ କେମିତି ତାଠାରୁ ଅଲଗା କରି ଦେଖି ପାରିବା ଯେଉଁ ଆନନ୍ଦ ଭଲ ନୁହେଁ ?

ତୁମ୍ଭେମାନେ କ୍ଷେତ ଓ ବଗିଚାକୁ ଯାଅ ଏବଂ ସେଠାରେ ତୁମ୍ଭେମାନେ ଜାଣିବ ଯେ ଫୁଲରୁ ମଧୁ ସଂଗ୍ରହ କରିବାଟା ମହୁମାଛିର ଆନନ୍ଦ,

କିନ୍ତୁ ମହୁମାଛିକୁ ମଧୁଦାନ କରିବା ମଧ୍ୟ ଫୁଲର ଆନନ୍ଦ।

କାରଣ ମହୁମାଛି ପାଖରେ ଫୁଲ ହେଲା ଜୀବନର ଗୋଟିଏ ଝରଣା।

ଆଉ ଫୁଲ ପାଇଁ ପ୍ରତିଟି ମହୁମାଛି ପ୍ରେମର ଗୋଟିଏ ଦୂତ,

ଏବଂ ମହୁମାଛି ଓ ଫୁଲ ଉଭୟଙ୍କ ପାଇଁ ଆନନ୍ଦ-ପ୍ରଦାନ ଗୋଟିଏ ପ୍ରୟୋଜନ ଓ ପରମ ଆନନ୍ଦ।

ଅର୍ଫାଲିଜ୍‌ର ବାସିନ୍ଦାମାନେ, ଫୁଲ ଏବଂ ମହୁମାଛି ପରି ଆନନ୍ଦରେ ରହ।

ସୌନ୍ଦର୍ଯ୍ୟ

ଆଉ ଜଣେ କବି କହିଲେ, "ସୌନ୍ଦର୍ଯ୍ୟ ବିଷୟରେ ଆମକୁ କହନ୍ତୁ।"

ଆଉ ସିଏ ଉତ୍ତରରେ କହିଲେ:

କେଉଁଠି ତୁମ୍ଭେମାନେ ସୌନ୍ଦର୍ଯ୍ୟକୁ ଖୋଜିବ ଏବଂ କେମିତି ତୁମ୍ଭେମାନେ ତାକୁ ପାଇବ, ଯଦି ସୌନ୍ଦର୍ଯ୍ୟ ନିଜେ ତୁମ୍ଭମାନଙ୍କର ଚଲାପଥ ଏବଂ ପଥପ୍ରଦର୍ଶକ ନ ହୁଏ ?

ଆଉ କେମିତି ତୁମ୍ଭେମାନେ ତାର ବର୍ଣ୍ଣନା କରିବ, ଯଦି ସିଏ ତୁମ୍ଭମାନଙ୍କର ଭାଷ୍ୟର ରଚୟିତା ନ ହୁଏ ?

ବିକ୍ଷୁବ୍ଧ ଓ ଆହତ ମଣିଷଟି କହେ, 'ସୌନ୍ଦର୍ଯ୍ୟ ହେଉଛି ଦୟାଳୁ ଏବଂ ଶାନ୍ତ।

ଜଣେ ତରୁଣୀ ମାତା ପରି ନିଜର ଗୌରବ ନେଇ କରି ସିଏ ଅଧା ଲାଜରେ ଆମ ଭିତରେ ଚାଲେ।"

ଆଉ ସଂବେଦନଶୀଳ ମଣିଷଟି କହେ, "ନା, ସୌନ୍ଦର୍ଯ୍ୟ ହେଉଛି ଶକ୍ତିଶାଳୀ ଏବଂ ଭୟଙ୍କର।

ପ୍ରବଳ ସାମୁଦ୍ରିକ ଝଡ଼ ପରି ସିଏ ଆମ ପାଦତଳର ମାଟିକୁ ଏବଂ ମୁଣ୍ଡ ଉପରେ ଥିବା ଆକାଶକୁ କଂପାଇ ଦିଏ।"

କ୍ଳାନ୍ତ ଏବଂ ଅବସନ୍ନ ବ୍ୟକ୍ତିଟି କହେ, "ସୌନ୍ଦର୍ଯ୍ୟ ମୃଦୁ କଣ୍ଠରେ କାନ ପାଖରେ କହେ। ଆମ୍ଭମାନଙ୍କର ସତ୍ତା ମଧ୍ୟରେ ସିଏ କଥା କହିଥାଏ।

ତାର କଣ୍ଠସ୍ୱର ଆମ ନୀରବତା ମଧ୍ୟଦେଇ ନିଜକୁ ଏମିତି ଭାବରେ ଆତ୍ମସମର୍ପଣ କରିଦିଏ, ଯେମିତି ଛାୟାର ଭୟରେ କଂପମାନ କ୍ଷୀଣ ଆଲୋକ।"

କିନ୍ତୁ ଅସ୍ଥିର ଚିତ୍ତ ମଣିଷଟି କହେ, " ଆମେ ତାକୁ ପର୍ବତମାଳା ମଧ୍ୟରେ ଚିତ୍କାର କରିବାର ଶୁଣିଛୁ,

ଏବଂ ତାର ଚିତ୍କାର ସହିତ ଭାସି ଆସିଲା ଖୁରାର ଆବାଜ, ଡେଣା ପିଟିବାର ଶବ୍ଦ ଏବଂ ସିଂହର ଗର୍ଜନ।"

ରାତିରେ ସହରର ପ୍ରହରୀ କହେ, "ସୌନ୍ଦର୍ଯ୍ୟ ପୂର୍ବଦୁଗରୁ ପ୍ରତ୍ୟୁଷର ସହିତ ଉଦିତ ହେବ।"

ଆଉ ମଧ୍ୟାହ୍ନର ଶ୍ରମିକ ଓ ପଥଚାରୀ କହନ୍ତି, "ଆମେ ତାକୁ ସୂର୍ଯ୍ୟାସ୍ତର ବାତାୟନରୁ ଧରଣୀ ଉପରକୁ ଆସିବାର ଦେଖିଛୁ।"

ଶୀତଦିନରେ ବରଫରେ ଘେରା ମଣିଷଟି କହେ, "ସିଏ ପାହାଡ଼ରୁ ପାହାଡ଼କୁ ଡେଇଁ ବସନ୍ତ ଋତୁରେ ଉପସ୍ଥିତ ହେବ।"

ଆଉ ଗ୍ରୀଷ୍ମର ଗରମରେ ଯେଉଁ କୃଷକଦଳ ଫସଲକାଟନ୍ତି ସେମାନେ କହନ୍ତି, "ଆମେ ତାକୁ ଶରତର ଝରାପତ୍ର ସହିତ ନାଚିବାର ଦେଖିଛୁ ଏବଂ ଦେଖିଛୁ ପବନ ବୋହି ଆଣିଥିବା ତୁଷାର-କଣା ତାର କେଶରାଶିରେ।"

ତମେମାନେ ସୌନ୍ଦର୍ଯ୍ୟ ସମ୍ପର୍କରେ ଏମିତି କେତେ କଥା କହିଲ,

ତେବେ ଅସଲରେ ତାର ବର୍ଣ୍ଣନା କଲନି, କିନ୍ତୁ ଅଚରିତାର୍ଥ ପ୍ରୟୋଜନ ବିଷୟରେ କହିଲ,

ଏବଂ ସୌନ୍ଦର୍ଯ୍ୟ ନୁହେଁ, ଏହା ପରମାନନ୍ଦ।

ଏହା କୌଣସି ତୃଷାର୍ତ୍ତ ମୁଖ ନୁହେଁ, କିମ୍ବା ନୁହେଁ ସମ୍ମୁଖକୁ ପ୍ରସାରିତ ଶୂନ୍ୟ ହସ୍ତ,

ବରଂ ଏହା ଗୋଟିଏ ଉଦ୍ଦୀପ୍ତ ହୃଦୟ ଏବଂ ମୁଗ୍ଧ ଆତ୍ମା।

ଏହା ତୁମ୍ଭମାନଙ୍କର ଦୃଷ୍ଟିଗ୍ରାହ୍ୟ କୌଣସି ଚିତ୍ର ନୁହେଁ କିମ୍ବା ନୁହେଁ ତୁମ୍ଭମାନଙ୍କର ଶ୍ରୁତିଗୋଚର କୌଣସି ଗୀତ,

ଏହା ଏମିତି ଏକ ଚିତ୍ର ଯାହାକୁ ଆଖି ବୁଜି କରି ତୁମ୍ଭେମାନେ ଦେଖ ଏବଂ ଏହା ଏମିତି ଗୋଟିଏ ଗୀତ ଯାହାକୁ କାନ ବନ୍ଦ କରି ତୁମ୍ଭେମାନେ ଶୁଣ।

ଏହା ନା ତ ହଳ-ଚାଳିତ ଗଛ-ବକଳାର ରସ, ଅଥବା ନୁହେଁ କୌଣସି ପକ୍ଷୀର ନଖ ସହିତ ଯୁକ୍ତ ଗୋଟିଏ ଡେଣା,

ବରଂ ଏହା ସର୍ବଦା ପ୍ରସ୍ଫୁଟିତ ପୁଷ୍ପରେ ଭରା ଗୋଟିଏ ଉଦ୍ୟାନ କିମ୍ବା ଉଡ୍ଡୀୟମାନ ଦେବଦୂତଙ୍କର ଦଳ।

ଆର୍ଫାଲିଜ ବାସିନ୍ଦାମାନେ, ସୌନ୍ଦର୍ଯ୍ୟ ହେଉଛି ଜୀବନ, ଯେତେବେଳେ ଜୀବନ ତାର ପବିତ୍ର ମୁଖଟିକୁ ଉନ୍ମୁକ୍ତ କରେ।

କିନ୍ତୁ ତୁମ୍ଭେମାନେ ହିଁ ଜୀବନ ଏବଂ ତୁମ୍ଭେମାନେ ବି ଆବରଣ।

ସୌନ୍ଦର୍ଯ୍ୟ ହେଲା ଅନନ୍ତ ସିଏ ଦର୍ପଣରେ ନିଜର ପ୍ରତିବିମ୍ବ ଦେଖେ।

କିନ୍ତୁ ତୁମ୍ଭେମାନେ ଅନନ୍ତ ଏବଂ ତୁମ୍ଭେମାନେ ହିଁ ଦର୍ପଣ।

ଧର୍ମ

ଆଉ ଜଣେ ବୃଦ୍ଧ ଧର୍ମଯାଜକ କହିଲେ, "ଧର୍ମ ବିଷୟରେ ଆମକୁ କହନ୍ତୁ।"

ଆଉ ସିଏ କହିଲେ:

ମୁଁ କଣ ଆଜି ଅନ୍ୟ କୌଣସି ବିଷୟରେ କହୁଛି ?

ଧର୍ମ କଣ ସକଳ କର୍ମ ଏବଂ ଯାବତୀୟ ଭାବନା ନୁହେଁ,

ଏବଂ ଯାହା କୌଣସି କର୍ମ ବା ଭାବନା ନୁହେଁ, ତେବେ ତୁମ୍ଭମାନଙ୍କର ଦୁଇହାତ ଯେତେବେଳେ ପଥର ଖୋଦେଇରେ ଅଥବା ତନ୍ତ ଚଳାଇବାରେ ବ୍ୟସ୍ତ ରହେ ସେତେବେଳେ ନିରନ୍ତର ତୁମ୍ଭମାନଙ୍କର ଆତ୍ମାରୁ ଯେଉଁ ବିସ୍ମୟ ଏବଂ ଯେଉଁ ଚମକ ଜାଗେ, ତାହା କଣ ଧର୍ମ ନୁହେଁ ?

କେହି କଣ ତାର କର୍ମରୁ ତାର ଧର୍ମକୁ ଏବଂ ତାର ବୃତ୍ତିରୁ ତାର ବିଶ୍ୱାସକୁ ପୃଥକ କରି ପାରେ ?

କେହି ଜଣ ତାର ସମୟକୁ ସମ୍ମୁଖରେ ବିଛାଇ ଦେଇପାରେ, କହିକରି, ଏହି ଅଂଶ ବିଧାତାଙ୍କ ପାଇଁ ଏବଂ ଏହି ଅଂଶ ମୋ ନିଜ ପାଇଁ, ଏତିକି ମୋ ଆତ୍ମା ପାଇଁ ଏବଂ ଏତିକି ମୋର ଦେହ ପାଇଁ ?

ତୁମ୍ଭମାନଙ୍କର ସମୟ ହେଲା ଡେଣା, ଯାହା ମହାକାଶରେ ଗୋଟିଏ ସତ୍ତାରୁ ଅନ୍ୟ ଗୋଟିଏ ସତ୍ତା ଯାଏ ଉଡ଼ିଯାଇ ପାରେ।

କେହି ତାର ନୈତିକତା ପରିଧାନ କରେ, ନଗ୍ନତା ହିଁ ତାର ଶେଷ ପରିଧେୟ।

ପବନ ଏବଂ ସୂର୍ଯ୍ୟ-କିରଣ ତା ତ୍ୱଚାରେ କୌଣସି ଛିଦ୍ର କରି ପାରିବନି।

ଆଉ ସିଏ, ଯିଏ ନିଜ ଆଚରଣକୁ ନୈତିକତା ଦ୍ୱାରା ପରିଭାଷିତ କରେ, ସିଏ ତାର ଗୀତ ଗାଉଥିବା ପକ୍ଷୀକୁ ପଞ୍ଜୁରୀରେ ବନ୍ଦ କରି ରଖିଦିଏ।

ମୁକ୍ତିର ଗୀତ କେବେହେଲେ ବନ୍ଧନର ଜାଲ ଭିତରୁ ଆସେନି।

ଆଉ ଯାହା ପାଖରେ ଉପାସନା ମାନେ ଗୋଟିଏ ବାତାୟନ, ଯାହା ଖୋଲେ ଏବଂ ବନ୍ଦ ହୁଏ, ସିଏ ଏଯାଏଁ ଆତ୍ମାର ଅନ୍ତଃସ୍ଥଳରେ ପହଞ୍ଚି ପାରିନି, ଯେଉଁଠି ବାତାୟନଗୁଡ଼ିକ ଗୋଟିଏ ଭୋରରୁ ଅନ୍ୟ ଗୋଟିଏ ଭୋର ମଧ୍ୟରେ ବିସ୍ତୃତ।

ତୁମ୍ଭମାନଙ୍କର ଦୈନନ୍ଦିନ ଜୀବନ ହିଁ ତୁମ୍ଭମାନଙ୍କର ମନ୍ଦିର ଓ ଧର୍ମ।

ଯେତେବେଳେ ତୁମ୍ଭେମାନେ ସେଠାରେ ପ୍ରବେଶ କର, ତୁମ୍ଭେମାନେ ସବୁକିଛି ସାଙ୍ଗରେ ନେଇକରି ଯାଅ।

ତୁମ୍ଭେମାନେ ହଳ, କୋଦାଳ, ହାତୁଡ଼ି ଏବଂ ବୀଣା ସାଙ୍ଗରେ ନିଅ, ଯେଉଁ ଜିନିଷଗୁଡ଼ିକ ତୁମ୍ଭେମାନେ ପ୍ରୟୋଜନ ଅଥବା ଉଲ୍ଲାସ ପାଇଁ ବ୍ୟବହାର କରୁଛ। କାରଣ ଦିବା ସ୍ୱପ୍ନରେ ତୁମ୍ଭେମାନେ ଆପଣାର ଉପଲବ୍ଧିର ଉପରକୁ ଉଠିପାରିବନି କିମ୍ବା ଅସଫଳତାରୁ ତଳକୁ ଓହ୍ଲାଇ ପାରିବନି।

ଆଉ ସବୁଲୋକମାନଙ୍କୁ ତୁମ୍ଭେମାନେ ସାଙ୍ଗରେ ନିଅ;

କାରଣ ଆରାଧନା କରି ତୁମ୍ଭେମାନେ ସେମାନଙ୍କର ଆଶା ଅପେକ୍ଷା ଉଚ୍ଚକୁ ଉଡ଼ିଯାଇ ପାରିବନି କିମ୍ବା ତାଙ୍କ ହତାଶାର ତଳକୁ ଖସିଯାଇ ପାରିବନି।

ଆଉ ତୁମ୍ଭେମାନେ ଜାଣି ପାରିବ ପ୍ରହସନର ସମାଧାନ ଈଶ୍ୱରଙ୍କର କାମ ନୁହେଁ।

ବରଂ ତୁମ୍ଭେମାନେ ନିଜ ଆଡ଼େ ଚାହିଁ ଏବଂ ତୁମ୍ଭେମାନେ ତାଙ୍କୁ ଦେଖିବ ତୁମ୍ଭମାନଙ୍କର ସନ୍ତାନମାନଙ୍କ ସହିତ ଖେଳୁଥିବାର।

ଆଉ ମହାକାଶ ଆଡ଼େ ଚାହିଁ; ଦେଖିବ ସିଏ ମେଘ ଭିତର ଦେଇ ଚାଲି ଯାଉଛନ୍ତି, ହସ୍ତଦ୍ୱୟ ପ୍ରସାରିତ କରି ବଜ୍ରପାତ ଭିତରେ ଏବଂ ଓହ୍ଲାଇ ଆସୁଛନ୍ତି ବୃଷ୍ଟିପାତ ସହିତ।

ଫୁଲ ଭିତରକୁ ତାଙ୍କୁ ହସୁଥିବାର ଦେଖିବ, ତାପରେ ବୃକ୍ଷଭିତରେ ତାଙ୍କ ହାତକୁ ଉଠାଇକରି ହଲାଉଥିବାର ଦେଖିବାକୁ ପାଇବ।

ମୃତ୍ୟୁ

ତାପରେ ଆଲମିତ୍ରା କହିଲେ, "ବର୍ତ୍ତମାନ ଆମେ ମୃତ୍ୟୁ ବିଷୟରେ ପଚାରିବୁ।"
ଆଉ ସିଏ କହିଲେ:

ତୁମ୍ଭେମାନେ ମୃତ୍ୟୁର ରହସ୍ୟ ଅବଶ୍ୟ ଜାଣି ପାରିବ।

କିନ୍ତୁ କେମିତି ତୁମ୍ଭେମାନେ ତାଙ୍କୁ ଖୋଜି କରି ପାଇବ, ଯଦି ତାଙ୍କୁ ଜୀବନର ଅନ୍ତଃସ୍ଥଳରୁ ନ ଖୋଜ?

ପେଚା, ଯିଏ କେବଳ ରାତିରେ ଦେଖିପାରେ ଆଉ ଦିନବେଳେ ଦୃଷ୍ଟିହୀନ ହୋଇଥାଏ, ସିଏ କେବେହେଲେ ଆଲୋକର ରହସ୍ୟ ଭେଦ କରି ପାରିବନି।

ଯଦି ତୁମ୍ଭେମାନେ ପ୍ରକୃତରେ ମୃତ୍ୟୁର ଆତ୍ମାକୁ ଦେଖିବାକୁ ଉତ୍ସୁକ, ତାହେଲେ ନିଜ ଜୀବନର ଶରୀର ଆଗରେ ହୃଦୟକୁ ଖୋଲି ଦିଅ।

କାରଣ ଜୀବନ ଏବଂ ମୃତ୍ୟୁ ହେଉଛି ଗୋଟିଏ, ଯେମିତି ନଦୀ ଏବଂ ସମୁଦ୍ର ଗୋଟିଏ

ତୁମ୍ଭମାନଙ୍କର ଆଶା ଏବଂ ଇଚ୍ଛାର ଗଭୀରତାରେ ତୁମ୍ଭମାନଙ୍କର ପରଲୋକର ମୌନ ଜ୍ଞାନ ଲୁଚିକରି ରହିଛି;

ଏବଂ ବରଫ ତଳେ ଚାପି ହୋଇ ରହିଥିବା ବୀଜ ଯେମିତି ସ୍ୱପ୍ନ ଦେଖେ, ସେମିତି ତୁମ୍ଭମାନଙ୍କର ହୃଦୟ ସ୍ୱପ୍ନ ଦେଖେ ବସନ୍ତର।

ସ୍ୱପ୍ନଗୁଡ଼ିକୁ ବିଶ୍ୱାସ କର, କାରଣ ସେଗୁଡ଼ିକ ଭିତରେ ରହିଛି ଅନନ୍ତର ଲୁକ୍କାୟିତ ଦ୍ୱାର।

ମୃତ୍ୟୁ ଭୟରେ ତୁମ୍ଭେମାନେ କଂପି ଉଠ, ରାଜାଙ୍କ ଆଗକୁ ଆସି ଶିହରିତ ହୋଇ ଠିଆ ହୋଇଥିବା ମେଷପାଳକଟି ପରି, ଯାହା ମୁଣ୍ଡ ଉପରକୁ ରାଜା ତାଙ୍କ ହାତକୁ ବଢ଼ାନ୍ତି ତା ମୁଣ୍ଡକୁ ଛୁଇଁ ସମ୍ମାନ ଦେବା ପାଇଁ।

ସେହି ମେଷପାଳକ କଣ କଂପମାନ ଅବସ୍ଥାରେ ଆନନ୍ଦିତ ନୁହେଁ ଏମିତି ଭାବରେ ଯେ, ସିଏ ରାଜାଙ୍କର ଚିହ୍ନକୁ ଧାରଣ କରିବ ?

ତେବେ ସିଏ କଣ କଂପମାନତାକୁ ନେଇ ବେଶି ଚିନ୍ତିତ ନୁହେଁ ?

ପବନ ଭିତରେ ନଗ୍ନ ଅବସ୍ଥାରେ ଠିଆ ହୋଇ ରହିବା ଏବଂ ସୂର୍ଯ୍ୟ ତାପରେ ତରଳି ଯିବା ପାଖରେ ମୃତ୍ୟୁ ଏମିତି କଣ ?

ଆଉ ଶ୍ୱାସନେବା ବନ୍ଦ ହୋଇ ଯିବାର କଣ ଅର୍ଥ, ଏହା ତ ଖାଲି ଶ୍ୱାସକୁ ଅସ୍ଥିର ପ୍ରବାହରୁ ମୁକ୍ତ କରିବ, ଯାହା ଫଳରେ ତାହା ଉପରକୁ ଉଠି କରି ବିସ୍ତାରିତ ହୋଇ ଏବଂ ଭାରମୁକ୍ତ ଭାବରେ ଈଶ୍ୱରଙ୍କୁ ଖୋଜି ପାରେ ?

କେବଳ ଯେତେବେଳେ ତୁମ୍ଭେମାନେ ନୈଶବ୍ଦ୍ୟର ନଦୀରୁ ପାଣି ପିଇବ, ସେତେବେଳେ ତୁମ୍ଭେମାନେ ଅସଲରେ ଗୀତ ଗାଇବ ।

ଆଉ ଯେତେବେଳେ ତୁମ୍ଭେମାନେ ପର୍ବତଚୂଡ଼ାରେ ପହଞ୍ଚିବ, ତାପରେ ତୁମ୍ଭେମାନେ ଚଢ଼ିବା ଆରମ୍ଭ କରିବ ।

ଆଉ ଯେତେବେଳେ ତୁମ୍ଭମାନଙ୍କର ସମସ୍ତ ଅଙ୍ଗପ୍ରତ୍ୟଙ୍ଗକୁ ଧରିତ୍ରୀ ନିଜ ଭିତରେ ସମାହିତ କରି ନେବ, ସେତେବେଳେ ତୁମ୍ଭେମାନେ ପ୍ରକୃତ ଅର୍ଥରେ ନାଚିବ ।

ବିଦାୟ

ଆଉ ଏବେ ସଂଧ୍ୟାବେଳ।

ଆଉ ଅଦୃଷ୍ଟବାଦିନୀ ଆଲମିତ୍ର କହିଲେ, "ଧନ୍ୟ ଏହି ଦିନ, ଧନ୍ୟ ଏହି ସ୍ଥାନ, ଏବଂ ଧନ୍ୟ ଆପଣଙ୍କର ଆତ୍ମା, ସିଏ ଆମ୍ଭମାନଙ୍କୁ କହିଲେ।"

ଆଉ ସିଏ ଉତ୍ତର ଦେଲେ, "ଯିଏ କହିଲା ସିଏ କଣ ମୁଁ? ମୁଁ କଣ ଜଣେ ଶ୍ରୋତା ନଥିଲି?"

ତାପରେ ସିଏ ମନ୍ଦିର ପାହାଚ ଦେଇ ତଳକୁ ଆସିଲେ ଏବଂ ସବୁଲୋକମାନେ ତାଙ୍କର ଅନୁସରଣ କଲେ। ସିଏ ତାଙ୍କର ଜାହାଜ ପାଖରେ ପହଞ୍ଚି ଗଲେ ଏବଂ ଜାହାଜର ଡେକ୍ ଉପରେ ଆସି ଠିଆହେଲେ।

ଆଉ ଜନତାଙ୍କର ମୁଖାମୁଖି ହୋଇ ଠିଆହୋଇ ନିଜ ସ୍ୱରକୁ ଉଚ୍ଚ କଲେ ଏବଂ କହିଲେ:

ଆର୍ଫାଲିଜ ବାସିନ୍ଦାମାନେ, ପବନ ମୋତେ କହୁଛି ତୁମ୍ଭମାନଙ୍କୁ ଛାଡ଼ି କରି ଚାଲିଯିବା ପାଇଁ।

ମୁଁ ଏହି ସ୍ଥାନରୁ ଦୂରକୁ ଚାଲିଯିବା ପାଇଁ ପବନ ଅପେକ୍ଷା କମ୍ ଆତୁର, ତଥାପି ମୋତେ ଯିବାକୁ ହେବ।

ଆମେ ଦିଶାହୀନ ପଥର ଯାତ୍ରୀମାନେ, ସର୍ବଦା ନିର୍ଜନ ରାସ୍ତା ଖୋଜୁ, ଏମିତି କୌଣସି ଦିନ ଆରମ୍ଭ ହୁଏନି, ଯେଉଁଠାରେ ଆମେ ଶେଷ କରୁ ଅନ୍ୟ ଗୋଟିଏ ଦିନ; ଏବଂ କୌଣସି ଜାଗାରେ ଆବିଷ୍କାର କରୁନି, ଯେଉଁଠି ସୂର୍ଯ୍ୟାସ୍ତ ହୋଇଥିଲା।

ଆଉ ଯେତେବେଳେ ଧରିତ୍ରୀ ନିଦ୍ରାମଗ୍ନ, ସେତେବେଳେ ଆମେ ଚାଲୁଥାଉ।

ଆମେ ଦୃଢ଼ ବୃକ୍ଷର ବୀଜ, ଆମ ହୃଦୟ ଯେତେବେଳେ ପରିପକ୍ୱ ଏବଂ

ପୂର୍ଣ୍ଣ ହୋଇ ଉଠେ, ସେତେବେଳେ ଆମକୁ ପବନ ହାତରେ ଟେକି ଦିଆଯାଏ ଏବଂ ଆମେ ହୋଇଥାଉ ଛିନ୍ନଛତ୍ର।

ମୁଁ ତୁମ୍ଭମାନଙ୍କ ମଝିରେ ଅଳ୍ପ କିଛି ଦିନ ଥିଲି ଏବଂ ମୁଁ ଆଜି ଯେଉଁ କଥାଗୁଡ଼ିକ ତୁମ୍ଭମାନଙ୍କୁ କହିଲି ତାହା ଥିଲା ଆହୁରି ଅଳ୍ପ।

କିନ୍ତୁ ମୋର କଣ୍ଠସ୍ୱର ଯଦି ତୁମ୍ଭମାନଙ୍କର କାନରେ ଧୀମା ପଡ଼ିଯାଏ ଏବଂ ମୋର ପ୍ରେମ ତୁମ୍ଭମାନଙ୍କର ସ୍ମୃତିରୁ ଲୋପ ପାଇଯାଏ, ତେବେ ମୁଁ ପୁଣି ଆସିବି,

ଆଉ ଅଧିକ ସମୃଦ୍ଧ ହୃଦୟ ନେଇ ଏବଂ ଆହୁରି ହୃଦୟଗ୍ରାହୀ ସ୍ୱର ନେଇ ତୁମ୍ଭମାନଙ୍କ ସହିତ କଥା କହିବି।

ହଁ, ମୁଁ ଜୁଆର ସହିତ ଫେରି ଆସିବି,

ଆଉ ମୃତ୍ୟୁ ଯଦି ମୋତେ ଲୁଚେଇ ଦିଏ ଏବଂ ଅଧିକ ନୀରବତା ମୋତେ ଘେରିଯାଏ, ତେବେ ବି ମୁଁ ପୁଣି ଥରେ ତୁମ୍ଭମାନଙ୍କର ଉପଲବ୍ଧିର ଅନ୍ୱେଷଣ କରିବି।

ତେବେ ମୁଁ ବୃଥା ଅନ୍ୱେଷଣ କରିବିନି।

ମୁଁ ଆଜି ଯେଉଁ କଥାଗୁଡ଼ିକ କହିଲି ସେଥିରେ ଯଦି ଟିକିଏ ବି ସତ୍ୟତା ଥାଏ ତେବେ ତାହା ସ୍ପଷ୍ଟତର ଚେହେରା ନେଇ ନିଜର ଆତ୍ମପ୍ରକାଶ କରିବ ଏବଂ ସେହି ଶବ୍ଦ ଏବଂ ସେହି ଶବ୍ଦର ସହିତ ଯାହା ତୁମ୍ଭମାନଙ୍କର ଭାବନାର ଅଧିକତର ଘନିଷ୍ଠ।

ଅର୍ଫାଲିଜ ବାସିନ୍ଦାମାନେ, ମୁଁ ପବନ ସହିତ ଯାଏ, କିନ୍ତୁ ଶୂନ୍ୟତା ଭିତରେ ଖସି ପଡ଼େନି;

ଏବଂ ଯଦି ଏହି ଦିନ ତୁମ୍ଭମାନଙ୍କର ପ୍ରୟୋଜନ ଓ ମୋ ପ୍ରେମର ପରିପୂର୍ଣ୍ଣତାର ନୁହେଁ, ତେବେ ପୁଣି ଥରେ ତାକୁ କୌଣସି ଅନ୍ୟ ଦିନ ପାଇଁ ଗୋଟିଏ ପ୍ରତିଶ୍ରୁତି ହୋଇ ରହିବାକୁ ଦିଅ।

ମଣିଷର ପ୍ରୟୋଜନ ବଦଳି ଯାଏ, କିନ୍ତୁ ତାର ପ୍ରେମ ନୁହେଁ, ଆଉ ସେହି ପ୍ରେମ ଯେଉଁଥିରେ ତାର ପ୍ରୟୋଜନ ମେଣ୍ଟେ, ହେଲେ ଇଚ୍ଛା ବଦଳେନି।

ଅତଏବ ତୁମ୍ଭେମାନେ ଜାଣି ରଖ, ମୁଁ ବୃହତ୍ତର ନୀରବତାରୁ ଫେରି ଆସିବି।

ଯେଉଁ କୁୟାଶା ପ୍ରତ୍ୟୁଷରେ ଖସି ଚାଲିଯାଏ, କ୍ଷେତରେ ଛାଡ଼ିଯାଏ କେବଳ କାକରବୁନ୍ଦା, ଉର୍ଦ୍ଧ୍ୱକୁ ଉଠି ତିଆରି କରିବ ମେଘମାଳା ଏବଂ ତାପରେ ବୃଷ୍ଟି ହୋଇ ଝରି ପଡ଼ିବ।

ଆଉ ମୁଁ ସେମିତି କୁୟାଶା ଥିଲି, ତା'ଠାରୁ ଭିନ୍ନ ନୁହେଁ।

ରାତ୍ରିର ନିସ୍ତବ୍ଧତା ଭିତରେ ତୁମ୍ଭମାନଙ୍କର ରାସ୍ତା ଉପରକୁ ମୁଁ ଯାଇଛି ଏବଂ ତୁମ୍ଭମାନଙ୍କର ଗୃହଗୁଡ଼ିକ ଭିତରେ ପ୍ରବେଶ କରିଛି ମୋର ଆତ୍ମା,

ଆଉ ତୁମ୍ଭମାନଙ୍କର ହୃଦୟର ସ୍ପନ୍ଦନ ଥିଲା ମୋର ହୃଦୟରେ ଏବଂ ତୁମ୍ଭମାନଙ୍କର ଶ୍ୱାସ-ପ୍ରଶ୍ୱାସ ମୋ ମୁହଁ ଉପରେ ଏବଂ ମୁଁ ତୁମ ସମସ୍ତଙ୍କୁ ଜାଣିଥିଲି।

ହଁ, ମୁଁ ତୁମ୍ଭମାନଙ୍କର ଆନନ୍ଦ ଏବଂ ତୁମ୍ଭମାନଙ୍କର ଯନ୍ତ୍ରଣାକଥା ଜାଣିଥିଲି ଏବଂ ନିଦ୍ରିତ ଅବସ୍ଥାରେ ତୁମ୍ଭେମାନେ ଦେଖୁଥିବା ସ୍ୱପ୍ନଗୁଡ଼ିକ ଥିଲା ମୋର ସ୍ୱପ୍ନସମୂହ।

ଆଉ ଅଧିକାଂଶ ସମୟରେ ମୋର ଉପସ୍ଥିତି ତୁମ୍ଭମାନଙ୍କ ଭିତରେ ଥିଲା ପର୍ବତମାଳା ମଧ୍ୟରେ ଗୋଟଣିଏ ହ୍ରଦ ପରି।

ତୁମ୍ଭମାନଙ୍କର ଅନ୍ତରର ଶିଖର ଏବଂ ସର୍ପିଳ ଢାଲୁ ପଥର ଗୁଡ଼ିକ ଏବଂ ତୁମ୍ଭମାନଙ୍କର ଗତିଶୀଳ ଚିନ୍ତାଧାରା ଆଉ ଇଚ୍ଛାସମୂହର ପ୍ରତିବିମ୍ବ ମୋ ଭିତରେ ମୁଁ ଦେଖିଲି।

ଆଉ ମୋ ସ୍ୱଚ୍ଛତା ମଧ୍ୟରେ ଝରଣା ହୋଇ ନଇଁ ଆସେ ତୁମ୍ଭମାନଙ୍କ ପିଲାଙ୍କର ହାସ୍ୟରୋଳ ଏବଂ ନଦୀ ହୋଇ ବହିଯାଏ ଯୌବନର ଆକାଂକ୍ଷା।

ଆଉ ଯେତେବେଳେ ସେଗୁଡ଼ିକ ମୋ ଗଭୀରତା ଭିତରେ ପ୍ରବେଶ କରନ୍ତି ଝରଣା ଏବଂ ନଦୀ ଥମି ଯାଆନ୍ତି, କିନ୍ତୁ ଗୀତ ଗାଇବା ପାଇଁ ନୁହେଁ।

କିନ୍ତୁ ହାସ୍ୟରୋଳଠାରୁ ମଧୁର ଏବଂ ଆକାଂକ୍ଷାଠାରୁ ବୃହତ୍ତର ହୋଇ ମୋ ପାଖକୁ ଆସିଲା।

ଏହା ତୁମ୍ଭମାନଙ୍କ ଭିତରେ ରହିଥିଲା ସୀମାହୀନ ହୋଇ;

ସିଏ ଥିଲା ଗୋଟିଏ ବିଶାଳ ପୁରୁଷ, ଯାହାର ତୁମ୍ଭେମାନେ କେବଳ କୋଷ ଏବଂ ମାଂସପେଶୀ ମାତ୍ର;

ଯାହାର ମନ୍ତ୍ରୋଚ୍ଚାର ଆଗରେ ତୁମ୍ଭମାନଙ୍କର ଗୀତ କେବଳ ଧ୍ୱନି-ରହିତ ସ୍ପନ୍ଦନ।

ସେହି ବିଶାଳ ପୁରୁଷ ଭିତରେ ତୁମ୍ଭେମାନେ ବି ଥିଲ ବିଶାଳ,

ଏବଂ ତାହାର ଦର୍ଶନରେ। ହିଁ ମୁଁ ତୁମ୍ଭମାନଙ୍କର ଦର୍ଶନ କଲି ଓ ତୁମ୍ଭମାନଙ୍କୁ ପ୍ରେମ କଲି।

କାହିଁକି ନା ପ୍ରେମ ଯେତେଦୂର ଯାଏଁ ପହଞ୍ଚିପାରେ, ସେହି ଦୂରତା କଣ ବିଶାଳ ପରିଧି ଭିତରେ ନାହିଁ?

କେଉଁ ଦୂରଦୃଷ୍ଟି, କେଉଁ ଆକାଂକ୍ଷା ଏବଂ କେଉଁ ଅନୁମାନ ତାହାର ଉର୍ଦ୍ଧ୍ୱଗମନକୁ ଟପିଯାଇ ପାରିବ?

ତୁମ୍ଭମାନଙ୍କ ଭିତରର ସେହି ବିଶାଳ ପୁରୁଷ ସେଓର ପ୍ରସ୍ଫୁଟିତ ମୁକୁଳରେ ଛାଇହୋଇ ରହିଥିବା ଗୋଟିଏ ବିରାଟକାୟ ଓକ୍ ବୃକ୍ଷ ପରି।

ତାହାର ଶକ୍ତି ତୁମ୍ଭମାନଙ୍କୁ ମାଟି ସହିତ ବାନ୍ଧିକରି ରଖେ, ତାହାର ସୁଗନ୍ଧ ତୁମ୍ଭମାନଙ୍କୁ ମହାଜାଗତିକ ବିଶ୍ୱ ନିକଟରେ ଟେକି ଧରେ ଏବଂ ତାହାର ସ୍ଥାୟିତ୍ୱ ଭିତରେ ତୁମ୍ଭେମାନେ ମୃତ୍ୟୁହୀନ।

ତୁମ୍ଭମାନଙ୍କୁ କୁହାଯାଇଛି ଯେ ଗୋଟିଏ ଶିଙ୍କୁଳି ପରି, ତୁମ୍ଭେମାନେ ବି ସେମିତି ଦୁର୍ବଳ ଯେମିତି ତୁମ୍ଭମାନଙ୍କର ଦୁର୍ବଳତମ କଡ଼ି।

ଏକଥା ସତ୍ୟର ଅର୍ଦ୍ଧାଂଶ ମାତ୍ର। ତୁମ୍ଭମାନଙ୍କର ସବୁଠାରୁ ଶକ୍ତ କଡ଼ି ପରି ତୁମ୍ଭେମାନେ ଶକ୍ତିଶାଳୀ।

ତୁମ୍ଭମାନଙ୍କର କ୍ଷୁଦ୍ରତମ କର୍ମକୁ ନେଇ ତୁମ୍ଭମାନଙ୍କର ମୂଲ୍ୟାୟନ କରିବା ହେଉଛି ଯେମିତି ମହାସାଗରର ପରିମାପ କରିବା ତାର ଫେଣର କୋମଳତାକୁ ନେଇ।

ତୁମ୍ଭମାନଙ୍କର ବ୍ୟର୍ଥତାକୁ ନେଇ ତୁମ୍ଭମାନଙ୍କର ବିଚାର କରିବା ସେହିପରି ଯେମିତି ତାଙ୍କର ବୈଚିତ୍ର୍ୟ ପାଇଁ ଋତୁଗୁଡ଼ିକ ଉପରେ ଦୋଷାରୋପ କରାଯାଏ।

ହଁ, ତୁମ୍ଭେମାନେ ଗୋଟିଏ ମହାସାଗର ପରି,

ଏବଂ ଯଦିଓ ଦୃଢ଼ଭାବରେ ଲଙ୍ଗରରେ ବନ୍ଧାଯାଇଥିବା ଜାହାଜଗୁଡ଼ିକ ତୁମ୍ଭମାନଙ୍କର ଉପକୂଳରେ ଜୁଆରର ପ୍ରତୀକ୍ଷାରେ ଥାଏ, ତଥାପି ମହାସାଗର ପରି ତୁମ୍ଭେମାନେ ଚାହିଁଲେ ବି ଜୁଆରକୁ ତ୍ୱରାନ୍ୱିତ କରି ପାରନି।

ଆଉ ତୁମ୍ଭେମାନେ ମଧ୍ୟ ଋତୁଗୁଡ଼ିକ ପରି, ଏବଂ ଯଦିଓ ତୁମ୍ଭମାନଙ୍କ ଶୀତଋତୁରେ ତୁମ୍ଭମାନଙ୍କର ବସନ୍ତ ଋତୁକୁ ଅସ୍ୱୀକାର କର,

ତଥାପି ତୁମ୍ଭମାନଙ୍କ ଭିତରେ ବିଶ୍ରାମରତ ବସନ୍ତ, ମୁରୁକି ହସ ହସେ ଏବଂ କିଛି ମନେ କରେନି।

ଭାବନି ଯେ ମୁଁ ତୁମ୍ଭମାନଙ୍କୁ ଏହିସବୁ କଥା କହୁଛି ଯାହାଫଳରେ ତୁମ୍ଭେମାନେ ଜଣେ ଅପରକୁ କହିପାର, "ସିଏ ଆମ୍ଭମାନଙ୍କର ବହୁତ ପ୍ରଶଂସା କଲେ, ସିଏ ଆମ୍ଭମାନଙ୍କ ଭିତରେ ଥିବା ଭଲକୁ କେବଳ ଦେଖିଛନ୍ତି।"

ତୁମ୍ଭେମାନେ ଚିନ୍ତା କରି ଯେଉଁ ବିଷୟ ଗୁଡ଼ିକ ଜାଣିପାର, ମୁଁ କେବଳ କଥାରେ ତାହା ତୁମ୍ଭମାନଙ୍କୁ କହେ।

ବ୍ୟକ୍ତଜ୍ଞାନ କଣ ଅବ୍ୟକ୍ତ ଜ୍ଞାନର ଛାୟା ମାତ୍ର ନୁହେଁ?

ତୁମ୍ଭମାନଙ୍କର ଚିନ୍ତା ଏବଂ ମୋର କଥାଗୁଡ଼ିକ ରୁଦ୍ଧ ସ୍ମୃତିରୁ ଆସିଥିବା ତରଙ୍ଗମାଳା, ଯାହା ଅତୀତର ବିବରଣକୁ ନଥିଭୁକ୍ତ କରେ,

ଏବଂ ପ୍ରାଚୀନ ସେହି ସମୟକୁ, ଯେତେବେଳେ ଧରିତ୍ରୀ ଆମ୍ଭମାନଙ୍କୁ ଚିହ୍ନି ନଥିଲା, ନିଜକୁ ମଧ୍ୟ ନୁହେଁ,

ଏବଂ ସେହି ରାତ୍ରିଗୁଡ଼ିକୁ, ଯେତେବେଳେ ଧରିତ୍ରୀ ଦ୍ୱିଧାନ୍ୱିତା ଥିଲା।

ଜ୍ଞାନୀ ବ୍ୟକ୍ତିମାନେ ସେମାନଙ୍କ ଜ୍ଞାନରୁ ତୁମ୍ଭମାନଙ୍କୁ ଦେବାପାଇଁ ଆସିଛନ୍ତି। ମୁଁ ଆସିଛି ତୁମ୍ଭମାନଙ୍କ ପାଖରୁ ଜ୍ଞାନ ନେବା ପାଇଁ:

ଆଉ ଦେଖ, ମୁଁ ଯାହା ପାଇଛି ତାହା ଜ୍ଞାନ ଅପେକ୍ଷା ମହୀୟାନ।

ମୁଁ ପାଇଛି ତୁମ୍ଭମାନଙ୍କ ଅନ୍ତରର ଗୋଟିଏ ଚେତନା-ଶିଖା ଯାହା ନିରନ୍ତର ନିଜକୁ ବିସ୍ତୃତ କରୁଛି,

ଯେତେବେଳେ ତୁମ୍ଭେମାନେ ତାର ବିସ୍ତୃତିର ପ୍ରତି ଲକ୍ଷ୍ୟ ନ କରି ତୁମ୍ଭମାନଙ୍କର ଦିନ ବିତି ଯାଉଥିବା ଦେଖି ବିଳାପର କର।

ଏହା ହେଉଛି ଜୀବନ ଯିଏ ଜୀବନର ସନ୍ଧାନ କରେ କବରକୁ ଡରି କରି ରହିଥିବା ଶରୀରଗୁଡ଼ିକରେ।

ଏଠାରେ କୌଣସି କବର ନାହିଁ।

ଏହି ପର୍ବତମାଳା ଏବଂ ସମତଳ ଭୂମି ଗୋଟିଏ ଝୁଲା ଏବଂ ପ୍ରଥମ ସୋପାନ ପରି।

ଯେଉଁ କ୍ଷେତ୍ରରେ ତୁମ୍ଭେମାନେ ପୂର୍ବପୁରୁଷମାନଙ୍କୁ ସମାହିତ କରିଛି ସେହି କବରକ୍ଷେତ୍ର ପାଖଦେଇ ଯେତେବେଳେ ତୁମ୍ଭେମାନେ ଯାଅ, ସେତେବେଳେ ଭଲଭାବରେ ଲକ୍ଷ୍ୟ କଲେ ତୁମ୍ଭେମାନେ ଦେଖିବ, ସେଠାରେ ତୁମ୍ଭେମାନେ ଏବଂ ତୁମ୍ଭମାନଙ୍କର ସନ୍ତାନମାନେ ହାତରେ ହାତ ଧରି ଏକତ୍ର ନୃତ୍ୟ କରୁଛ।

ପ୍ରାୟତଃ ତୁମ୍ଭେମାନେ କିଛି ନ ଜାଣି ଆନନ୍ଦରେ ମାତି ଉଠ।

ଅନ୍ୟମାନେ ଯିଏ ତୁମ୍ଭମାନଙ୍କ ନିକଟକୁ ଧର୍ମର ସୁବର୍ଣ୍ଣ ପ୍ରତିଶ୍ରୁତି ସମୂହ ନେଇ କରି ଆସିଛନ୍ତି, ସେମାନଙ୍କୁ ତୁମ୍ଭେମାନେ ପ୍ରତିଶ୍ରୁତିର ବିନିମୟରେ କେବଳ ସଂପଦ, କ୍ଷମତା ଏବଂ ଖ୍ୟାତି ଉପହାର ଦେଇଛ।

ମୁଁ ତୁମ୍ଭମାନଙ୍କୁ ପ୍ରତିଶ୍ରୁତି ଅପେକ୍ଷା ଅଳ୍ପ ଦେଇଛି, ତାହେଲେ ବି ତୁମ୍ଭେମାନେ ମୋ ପ୍ରତି ଅନେକ ବେଶି ବଦାନ୍ୟ ହୋଇଛ।

ତୁମ୍ଭେମାନେ ମୋତେ ଗଭୀରତାର ତୃଷା ଥିବା ଗୋଟିଏ ପରବର୍ତ୍ତୀ ଜୀବନ ଉପହାର ଦେଇଛ।

ନିଃସନ୍ଦେହ, ଯେଉଁ ଉପହାର ମଣିଷର ସକଳ ଉଦ୍ଦେଶ୍ୟକୁ ଗୋଟିଏ ଗଭୀର ତୃଷାରେ ଏବଂ ତାର ସମଗ୍ର ଜୀବନକୁ ଗୋଟିଏ ଝରଣାରେ ରୂପାନ୍ତରିତ କରେ, କୌଣସି ମଣିଷ ପାଇଁ ଆଉ କିଛି ଉପହାରଠାରୁ ଉତ୍କୃଷ୍ଟ ହୋଇ ପାରିବନି।

ଆଉ ମୋର ସମ୍ମାନ ଏବଂ ମୋର ପୁରସ୍କାର ଏଥିରେ ନିହିତ,-

ପୁଣି ମୁଁ ଯେତେବେଳେ ଝରଣାରେ ପାଣି ପିଇବାକୁ ଆସେ ସେତେବେଳେ ଦେଖେ ସେହି ଜୀବନ୍ତ ପାଣି ନିଜେ ହିଁ ତୃଷାର୍ତ୍ତ;

ଏବଂ ସିଏ ମୋତେ ପିଏ ଯେତେବେଳେ ମୁଁ ତାକୁ ପିଉଥାଏ।

ତୁମ୍ଭମାନଙ୍କ ଭିତରୁ କେହି କେହି ମୋତେ ଗର୍ବୀ ଏବଂ ଉପହାରଗୁଡ଼ିକ ଗ୍ରହଣ କରିବା ପାଇଁ ଅତି ଲଜ୍ଜାଶୀଳ ବୋଲି ମନେ କରିଛ।

ମୋର ପାରିଶ୍ରମିକ ପାଇବା ପାଇଁ ମୁଁ ପ୍ରକୃତରେ ଅତି ଗର୍ବିତ, କିନ୍ତୁ ଉପହାର ପାଇଁ ନୁହେଁ।

ଆଉ ଯଦିଓ ମୁଁ ପାହାଡ଼ ମଧ୍ୟରେ ବଣର ଫଳ ଖାଇ ଘୂରିବୁଲି ଥିଲି, ସେତେବେଳେ ହୁଏତ ତୁମ୍ଭେମାନେ ମୋତେ ତୁମ୍ଭମାନଙ୍କ ସହିତ ଗୋଟିଏ ଆସନରେ ବସାଇବାକୁ ଚାହୁଁଥିଲ,

ଏବଂ ମୁଁ ମନ୍ଦିର ପ୍ରାଙ୍ଗଣରେ ନିଦ୍ରାମଗ୍ନ ଥିଲି ଯେତେବେଳେ ତୁମ୍ଭେମାନେ ଆନନ୍ଦର ସହିତ ମୋତେ ଆଶ୍ରୟ ଦେଇଥିଲ,

ତେବେ ଏହା କଣ ମୋର ଦିନ ଓ ରାତି ପ୍ରତି ତୁମ୍ଭମାନଙ୍କର ସାବଧାନତା ନ ଥିଲା, ଯାହା ମୋ ମୁହଁରେ ଭୋଜନକୁ ମଧୁର କଲା ଏବଂ ମୋର ନିଦ୍ରାକୁ କଳ୍ପନା ଶକ୍ତି ଦେଇ ଘେରି ଯାଇଥିଲା ?

ସେଥିପାଇଁ ମୁଁ ତୁମ୍ଭମାନଙ୍କୁ ଅନେକ ଆଶୀର୍ବାଦ ଦେଉଛି:

ତୁମ୍ଭେମାନେ ମୋତେ ବହୁତ କିଛି ଦେଇଛ ଏବଂ ତୁମ୍ଭେମାନେ କିଛି ବି ଦେଇଛ ବୋଲି ଜମା ଜାଣି ପାରିନି।

ଯେଉଁ ଦୟାଭାବ ଦର୍ପଣରେ ନିଜକୁ ଦେଖିବାର ଲାଗେ, ସିଏ ନିଶ୍ଚୟ ପଥର ପାଲଟି ଯାଏ,

ଏବଂ ଯେଉଁ ମହତ୍ କାର୍ଯ୍ୟ ନିଜର ବଡ଼ାଇ କରେ, ତାହା ଅଭିଶାପର ଜନ୍ମ ଦିଏ।

ଆଉ ତୁମ୍ଭମାନଙ୍କ ମଧ୍ୟରୁ କେହି କେହି ମୋତେ ସୁଦୂର ନିଭୃତଚାରୀ ଏବଂ ମୋ ନିଜର ଏକାକୀତ୍ୱର ନିଶାରେ ମୁଁ ମାତାଲ ବୋଲି କହିଛ,

ଏବଂ ତୁମ୍ଭେମାନେ କହିଛ, "ସିଏ ଅରଣ୍ୟର ବୃକ୍ଷରାଜି ନେଇ ମନ୍ତ୍ରୀସଭା ଚଳାନ୍ତି, ମଣିଷମାନଙ୍କୁ ନେଇ ନୁହେଁ। ସିଏ ପାହାଡ଼ ଚୂଡ଼ାରେ ଏକାକୀ ବସି ରହନ୍ତି ଆଉ ତଳକୁ ସହର ଆଡ଼େ ଦୃଷ୍ଟି ନିକ୍ଷେପ କରନ୍ତି।"

କୌଣସି ବେଶି ଦୂର ଜାଗାକୁ ଯିବା ବିନା ଅଥବା ଉଚ୍ଚ ସ୍ଥାନକୁ ନ ଚଢ଼ି, ମୁଁ ତୁମ୍ଭମାନଙ୍କୁ କେମିତି ଦେଖି ପାରନ୍ତି ?

ଦୂରକୁ ନ ଗଲେ ଜଣେ ପାଖକୁ ଆସିବ କେମିତି ?

ଆଉ ତୁମ୍ଭମାନଙ୍କ ମଧ୍ୟରୁ ଅନ୍ୟମାନେ ମୋତେ ସ୍ମରଣ କରିଥିଲେ, କିନ୍ତୁ ନୀରବରେ କହିଥିଲେ:

"ବିଦେଶୀ, ବିଦେଶୀ, ଅଲଂଘନୀୟ ଉଚ୍ଚତାର ପ୍ରେମୀ, ଈଗଲ୍ ଯେଉଁଠି ତାର ନୀଡ଼ ବାନ୍ଧେ ସେହି ଶିଖରଗୁଡ଼ିକରେ କାହିଁକି ଆପଣ ବାସ କରନ୍ତି ?

ଯାହା ଧରିବାର ବାହାରେ, ଆପଣ କାହିଁକି ତାକୁ ଧରିବାକୁ ଚାହାନ୍ତି ?

କେଉଁ ଝଡ଼କୁ ଆପଣ ନିଜର ଜାଲରେ ଧରିବେ,

ଏବଂ କେଉଁ ଅଦୃଶ୍ୟ ପକ୍ଷୀମାନଙ୍କୁ ଆପଣ ଆକାଶରେ ଶିକାର କରନ୍ତି ?

ଆସନ୍ତୁ, ଆମ୍ଭମାନଙ୍କ ଭିତରୁ ଜଣେ ହୁଅନ୍ତୁ ।

ତଳକୁ ଖସି ଆସନ୍ତୁ ଏବଂ ଆମ୍ଭମାନଙ୍କର ଖାଦ୍ୟ ଆପଣଙ୍କର କ୍ଷୁଧା ମେଣ୍ଟାଉ ଆଉ ଆମ୍ଭମାନଙ୍କର ମଦିରାରେ ଆପଣଙ୍କର ତୃଷାର ନିବାରଣ ହେଉ ।"

ସେମାନେ ତାଙ୍କର ଆତ୍ମାର ନିର୍ଜନତାରେ ଏହି କଥାଗୁଡ଼ିକ କହିଲେ;

କିନ୍ତୁ ଯଦି ସେମାନଙ୍କର ନିର୍ଜନତା ଅଧିକ ଗଭୀର ହୋଇଥାନ୍ତା ତେବେ ସେମାନେ ଜାଣିଯାଇ ଥାଆନ୍ତେ ଯେ ମୁଁ ତୁମ୍ଭମାନଙ୍କର ଆନନ୍ଦ ଓ ଯନ୍ତ୍ରଣାର ରହସ୍ୟକୁ ଖୋଜି କରି ପାଇଛି,

ଏବଂ ମୁଁ ଶିକାର କଲି କେବଳ ତୁମ୍ଭମାନଙ୍କର ସେହି ବୃହତ୍ତର ସତ୍ତାଗୁଡ଼ିକୁ, ଯାହା ଆକାଶରେ ବିଚରଣ କରେ ।

କିନ୍ତୁ ଶିକାରୀ ମଧ୍ୟ ଏଠାରେ ଶିକାର;

କାରଣ ମୋ ଧନୁରୁ ନିକ୍ଷିପ୍ତ ଅନେକ ଶର ଖାଲି ଖୋଜି ଥାଏ ମୋ ନିଜର ବକ୍ଷକୁ ।

ଆଉ ଉଡୁଥିବା ଶରଗୁଡ଼ିକ ବକ୍ଷ ଉପର ଦେଇ ଚାଲିଯାଏ ।

କାରଣ ମୋ ଡେଣା ଦୁଇଟି ଯେତେବେଳେ ସୂର୍ଯ୍ୟାଲୋକ ଆଡ଼େ ମେଲିଛି, ସେତେବେଳେ ସେଗୁଡ଼ିକର ଛାୟା କଚ୍ଛପ ପରି ହୋଇ ପୃଥିବୀ ଉପରେ ପଡ଼ିଛି ।

ଆଉ ମୁଁ ବିଶ୍ୱାସୀ ହୋଇଥିବା ସତ୍ତ୍ୱେ ବି ସଂଶୟବାଦୀ;

ଅନେକ ସମୟରେ ମୁଁ ମୋର କ୍ଷତକୁ ଆଙ୍ଗୁଳିରେ ସ୍ପର୍ଶ କରି ଅନୁଭବ କରେ ତୁମ୍ଭମାନଙ୍କ ପ୍ରତି ମୋର ବୃହତ୍ତର ବିଶ୍ୱାସ ଏବଂ ତୁମ୍ଭମାନଙ୍କ ସମ୍ପର୍କରେ ଗଭୀର ଜ୍ଞାନ ।

ଆଉ ମୁଁ ସେହି ବିଶ୍ୱାସ ଏବଂ ସେହି ଜ୍ଞାନ ନେଇ ତୁମ୍ଭମାନଙ୍କୁ କହେ,

ତୁମ୍ଭେମାନେ ଆପଣାର ଶରୀରରେ ବନ୍ଦୀ ନୁହଁ, ଗୃହରେ ଆବଦ୍ଧ ନୁହଁ କିମ୍ବା କ୍ଷେତରେ ସୀମିତ ନୁହଁ ।

ଅସଲରେ ଏହା ତୁମ୍ଭମାନଙ୍କ ଭିତରେ ଥିବା ସେହି ବସ୍ତୁ ଯାହା ପର୍ବତ ଶିଖରରେ ବାସ କରେ ଏବଂ ପବନ ସହିତ ଭ୍ରମଣ କରେ।

ଏହା କେବେହେଲେ ଉଷ୍ଣତା ପାଇବା ପାଇଁ ଗୁରୁଣ୍ଡି କରି ସୂର୍ଯ୍ୟାଲୋକ ଆଡ଼େ ଆସେନି କିମ୍ବା ନିରାପତ୍ତା ଲାଗି ଅନ୍ଧକାରରେ ଗର୍ତ୍ତ ଖୋଦନ କରେନି,

କିନ୍ତୁ ଏହା ଗୋଟିଏ ମୁକ୍ତ ବସ୍ତୁ, ଗୋଟିଏ ପ୍ରାଣ ଶକ୍ତି ଯାହା ବିଶ୍ୱକୁ ଢାଙ୍କି ରଖେ ଏବଂ ଇଥର ଭିତରକୁ ଚାଲିଯାଏ।

ଯଦି ଏଗୁଡ଼ିକ ଅସ୍ପଷ୍ଟ ଶବ୍ଦ, ତାହେଲେ ସେଗୁଡ଼ିକୁ ସ୍ପଷ୍ଟ କରିବାକୁ ଚେଷ୍ଟା କରନି।

ସବୁ ବସ୍ତୁର ଆରମ୍ଭ ଅସ୍ପଷ୍ଟ ଏବଂ ଗୂଢ଼ ଅବସ୍ଥାରେ ହୋଇଥାଏ, କିନ୍ତୁ ସେଗୁଡ଼ିକର ଅନ୍ତ ସେମିତି ନୁହେଁ,

ଏବଂ ତୁମ୍ଭେମାନେ ମୋତେ ଆରମ୍ଭର ରୂପରେ ମନେ ରଖ ଏହା ମୋର ହାର୍ଦ୍ଦିକ ଇଚ୍ଛା।

ଜୀବନ ଏବଂ ଯାହା କିଛି ଜୀବନ୍ତ, ସେମାନଙ୍କର ଜନ୍ମ କୁୟାଶା ଭିତରେ, ସ୍ଫଟିକରେ ନୁହେଁ।

ଆଉ ସ୍ଫଟିକ କ୍ଷୟପ୍ରାପ୍ତ ହୋଇ କୁୟାଶାର ରୂପ ନିଏ ବୋଲି କିଏ ନ ଜାଣେ ?

ମୋର ଇଚ୍ଛା ଯେ ମୋତେ ମନେ ପକେଇବା ସମୟରେ ଏକଥା ମନେ ରଖିବ:

ଯାହା କିଛି ତୁମ୍ଭମାନଙ୍କ ଭିତରେ ଅତି ଦୁର୍ବଳ ଏବଂ ହତ-ବୁଦ୍ଧି ତାହା ହିଁ ଅତି ଶକ୍ତିଶାଳୀ ଓ ଦୃଢ଼-ପ୍ରତ୍ୟୟୀ।

ଏହା କଣ ତୁମ୍ଭମାନଙ୍କର ଶ୍ୱାସପ୍ରଶ୍ୱାସ ନୁହେଁ ଯାହା ତୁମ୍ଭମାନଙ୍କର ଅସ୍ଥି-ଛାଞ୍ଚକୁ ନିର୍ମାଣ କରିଛି ଏବଂ ଶକ୍ତ କରିଛି ?

ଆଉ ଏହା କଣ ଗୋଟିଏ ବିସ୍ମୃତ ସ୍ୱପ୍ନ ନୁହେଁ, ଯାହା ସହରର ନିର୍ମାଣ କରିଥିଲା ଏବଂ ସହରରେ ସବୁକିଛିକୁ ରୂପ ପ୍ରଦାନ କରିଥିଲା ?

ତୁମ୍ଭେମାନେ ଯଦି ଖାଲି ସେହି ଶ୍ୱାସପ୍ରଶ୍ୱାସର ଜୁଆର-ଭଟ୍ଟା ଦେଖି ପାରିଥାନ୍ତ, ତାହେଲେ ତୁମ୍ଭେମାନେ ଆଉ କୌଣସି ଦୃଶ୍ୟ ଦେଖି ନ ଥାନ୍ତ,

ଏବଂ ତୁମ୍ଭେମାନେ ଯଦି ସେହି ସ୍ୱପ୍ନର କାନକୁହା କଥାଗୁଡ଼ିକ ଶୁଣି ପାରିଥାନ୍ତ, ତାହେଲେ ତୁମ୍ଭେମାନେ ଆଉ କୌଣସି ଶବ୍ଦ ଶୁଣି ନ ଥାନ୍ତ।

କିନ୍ତୁ ତୁମ୍ଭେମାନେ ଦେଖନି କିମ୍ବା ଶୁଣନି, ଆଉ ତାହା ହିଁ ଉତ୍ତମ।

ଯେଉଁ ହାତ ତୁମ୍ଭମାନଙ୍କ ଆଖିକୁ ଅବରୁଦ୍ଧ କରିବା ପାଇଁ ପରଦା ବୁଣିଥିଲା ସେହି ହାତ ତାହା ଉଠାଇ ନେବ,

ଏବଂ ଯେଉଁ ଆଙ୍ଗୁଳି ତୁମ୍ଭମାନଙ୍କ କାନରେ ଭର୍ତ୍ତି ମାଟି-କାଦୁଅକୁ ମାଖି ଦେଇଥିଲା ସେହି ଆଙ୍ଗୁଳି ତାହା କାଢ଼ି ଦେବ।

ଆଉ ତୁମ୍ଭେମାନେ ଦେଖିବ,

ଏବଂ ତୁମ୍ଭେମାନେ ଶୁଣିବ।

ତେବେ ତୁମ୍ଭେମାନେ ଅନ୍ଧଥିଲ ବୋଲି ଭାବି ବିଳାପ କରନି କିମ୍ବା ବଧିର ଥିଲ ଭାବି କରି ଦୁଃଖ କରନି।

କାରଣ ସେଦିନ ତୁମ୍ଭେମାନେ ସବୁ ଘଟଣାଗୁଡ଼ିକର ଗୋପନ ଉଦ୍ଦେଶ୍ୟ ଜାଣି ପାରିବ,

ଏବଂ ତୁମ୍ଭେମାନେ ଅନ୍ଧକାରକୁ ଆଶୀର୍ବାଦ ଦେବ, ଯେମିତି ତୁମ୍ଭେମାନେ ଆଲୋକକୁ ଆଶୀର୍ବାଦ ଦିଅ।

ଏହି କଥାଗୁଡ଼ିକ କହି ସାରି ସିଏ ନିଜର ଚାରିପଟକୁ ଅନାଇଲେ ଏବଂ ଦେଖିଲେ ତାଙ୍କ ଜାହାଜର ଚାଳକ ଜାହାଜର ଗତିଶୀଳଯନ୍ତ୍ର ପାଖରେ ଠିଆ ହୋଇଛି ଏବଂ ତାର ଦୃଷ୍ଟି ରହିଛି ପାଲଗୁଡ଼ିକ ଉପରେ ଏବଂ ପୁଣିଥରେ ଦୂର ଆଡ଼େ ଚାହିଁ କରି ଦେଖୁଛି।

ଆଉ ସିଏ କହିଲେ:

ମୋ ଜାହାଜର ଅଧିନାୟକ ଧୈର୍ଯ୍ୟଶୀଳ, ଅତି ଧୈର୍ଯ୍ୟଶୀଳ।

ପବନ ବହୁଛି ଏବଂ ପାଲଗୁଡ଼ିକ ଦୋହଲୁଛି;

ଏମିତି କି ଗତିଶୀଳ ଯନ୍ତ୍ରଟି ଦିଗର ନିର୍ଦ୍ଦେଶନା ଚାହୁଁଛି;

ତଥାପି ମୋର ଅଧିନାୟକ ଶାନ୍ତ ଭାବରେ ମୋ ନୀରବତାର ଅପେକ୍ଷାରେ ଅଛନ୍ତି।

ଆଉ ମୋର ଏହି ନାବିକଗଣ, ସେମାନେ ମହାସାଗରର ଆବାହନ ସଂଗୀତ ଶୁଣିବାକୁ ପାଇଛନ୍ତି, ତେବେ ସେମାନେ ଧୈର୍ଯ୍ୟ ଧରି ମୋ କଥା ଶୁଣିଛନ୍ତି।

ସେମାନେ ଆଉ ଅପେକ୍ଷା କରିବେନି।

ମୁଁ ପ୍ରସ୍ତୁତ।

ସ୍ରୋତସ୍ୱିନୀ ଆସି ସମୁଦ୍ରରେ ପହଞ୍ଚିଛି ଏବଂ ମହିୟସୀ ଜନନୀ ପୁନରାୟ ତାଙ୍କ ପୁତ୍ରକୁ ବକ୍ଷସ୍ଥଳରେ ଚାପି ଧରୁଛନ୍ତି।

ଆର୍ଫାଲିଜ ବାସିନ୍ଦାମାନେ, ତୁମ୍ଭେମାନେ ସମସ୍ତେ ଭଲରେ ରହ।

ଦିନ ଶେଷ ହେଲା।

ଦିନଟି ଆମ୍ଭମାନଙ୍କ ପାଖରେ ପହଞ୍ଚି ଶେଷ ହେଉଛି, ଯେମିତି ଜଳ-ପଦ୍ମ ନିଜର ଆଗାମୀ କାଲି ପାଇଁ ବନ୍ଦ ହୋଇଯାଏ।

ଯାହା କିଛି ଆମକୁ ମିଳିଛି, ତାକୁ ଆମ୍ଭେମାନେ ରଖିବୁ,

ଏବଂ ତାହା ଯଦି ପର୍ଯ୍ୟାପ୍ତ ନ ହୁଏ, ତେବେ ପୁଣି ଥରେ ଆମ୍ଭେମାନେ ଏକତ୍ରିତ ହେବୁ ଏବଂ ଏକତ୍ର ଭାବରେ ଦାତାଙ୍କ ଆଡ଼କୁ ହାତ ବଢ଼ାଇ ଦେବୁ।

ଏକଥା ଭୁଲି ଯାଅନି ଯେ ମୁଁ ପୁଣି ଥରେ ତୁମ୍ଭମାନଙ୍କ ପାଖକୁ ଫେରି ଆସିବି।

ଆଉ ଅଳ୍ପ କିଛିକ୍ଷଣ, ତାପରେ ମୋର ପ୍ରତ୍ୟାଶା ଶରୀରାନ୍ତର ଲାଗି ମାଟି ଆଉ ପାଣି ଏକତ୍ର କରିବାରେ ଲାଗିଯିବ।

ଆଉ ଅଳ୍ପ କିଛିକ୍ଷଣ, ବାୟୁ ଉପରେ ମୁଁ ବିଶ୍ରାମ ନେବି, ତାପରେ ଅନ୍ୟ କୌଣସି ନାରୀ ମୋତେ ତା ଗର୍ଭରେ ଧାରଣ କରିବ।

ତୁମ୍ଭମାନଙ୍କ ନିକଟରୁ ବିଦାୟ ଏବଂ ତୁମ୍ଭମାନଙ୍କ ମଝିରେ କଟାଇଥିବା ମୋର ଯୌବନର ଦିନଗୁଡ଼ିକ ପାଖରୁ ବିଦାୟ।

ମାତ୍ର ଗତକାଲି ଗୋଟିଏ ସ୍ୱପ୍ନରେ ଆମ୍ଭମାନଙ୍କର ଦେଖା ହେଲା।

ତୁମ୍ଭେମାନେ ମୋର ନିଃସଙ୍ଗତାରେ ମୋତେ ଗୀତ ଗାଇ ଶୁଣାଇଛ ଏବଂ ମୁଁ ତୁମ୍ଭମାନଙ୍କର ଆକାଂକ୍ଷାକୁ ନେଇ ଆକାଶରେ ଗୋଟିଏ ସୌଧ ଗଢ଼ିଛି।

କିନ୍ତୁ ଏବେ ଆମ୍ଭମାନଙ୍କର ନିଦ୍ରା ପଳାଇଛି ଏବଂ ଆମର ସ୍ୱପ୍ନ ଶେଷ ହୋଇଛି, ଆଉ ଏଯାଏଁ ଫସରା ଫାଟିନି।

ଆମ୍ଭମାନଙ୍କର ମୁଣ୍ଡ ଉପରକୁ ମଧ୍ୟାହ୍ନର ସୂର୍ଯ୍ୟ ଆସିଛି ଏବଂ ଆମ୍ଭମାନଙ୍କର ଅର୍ଦ୍ଧ-ଜାଗରଣ ପୂର୍ଣ୍ଣତର ଗୋଟିଏ ଦିନରେ ପରିଣତ ହୋଇଛି ଏବଂ ବର୍ତ୍ତମାନ ଆମ୍ଭମାନଙ୍କୁ ବିଦାୟ ନେବାକୁ ହେବ।

ଯଦି ସ୍ମୃତିର ଗୋଧୂଳି ବେଳାରେ ପୁଣି ଥରେ ଆମ୍ଭମାନଙ୍କର ଦେଖା ହେବା ଉଚିତ, ପୁଣି ଥରେ ଆମ୍ଭେମାନେ ଏକତ୍ରିତ ହୋଇ କଥାବାର୍ତ୍ତା ହେବା ଏବଂ ତୁମ୍ଭେମାନେ ମୋତେ ଗୋଟିଏ ଗଭୀରତାର ଗୀତ ଶୁଣାଇବ।

ଆଉ ଯଦି ଆମ୍ଭମାନଙ୍କର ହାତ ଅନ୍ୟ ଗୋଟିଏ ସ୍ୱପ୍ନରେ ମିଳିତ ହୁଏ, ତେବେ ଆମ୍ଭେମାନେ ଆଉ ଗୋଟିଏ ସୌଧ ଆକାଶରେ ଗଢ଼ିବା।

ଏକଥା କହି ସିଏ ନାବିକମାନଙ୍କୁ ସଂକେତ ଦେଲେ, ସେମାନେ ସାଙ୍ଗେ ସାଙ୍ଗେ ଲଙ୍ଗର କାଢ଼ି ନେଇ ଜାହାଜର ବନ୍ଧନ ଖୋଲି ଦେଲେ ଏବଂ ପୂର୍ବଦିଗକୁ ଯାତ୍ରା କଲେ।

ଆଉ ଜନତାଙ୍କ ମଧ୍ୟରୁ ସମସ୍ୱରରେ ଭାସି ଆସିଲା ଏକ କଳରୋଳ ଏବଂ ଏହା ଉଠିଆସିଲା ଗୋଧୂଳିକୁ ଏବଂ ଆକାଶରେ ବତାସରେ ଖେଳିଗଲା ଗୋଟିଏ ଗମ୍ଭୀର ଭେରୀ ଧ୍ୱନି ପରି।

କେବଳ ଆଲମିତ୍ରା ନୀରବ ହୋଇ ରହିଲେ, ତାଙ୍କ ଦୃଷ୍ଟି ଜାହାଜର ଯାତ୍ରା ପଥରେ ନିବଦ୍ଧ ରହିଲା, ଯେତେବେଳେ ଯାଏଁ ତାହା କୁୟାଶାରେ ଅଦୃଶ୍ୟ ହୋଇନି।

ଆଉ ଯେତେବେଳେ ସବୁ ଲୋକମାନେ ଏଣେତେଣେ ଚାଲିଗଲେ, ସିଏ ଏକାକିନୀ ନିର୍ଜନ ସମୁଦ୍ର-ପ୍ରାଚୀରର ଉପରେ ଠିଆ ହୋଇ ତାଙ୍କର ଏହି ବାଣୀକୁ ସ୍ମରଣ କରିବାକୁ ଲାଗିଲେ:

"ଆଉ ଅଳ୍ପ କିଛି କ୍ଷଣ, ବାୟୁ ଉପରେ ମୁଁ ବିଶ୍ରାମ ନେବି, ତାପରେ ଅନ୍ୟ କୌଣସି ନାରୀ ମୋତେ ତା ଗର୍ଭରେ ଧାରଣ କରିବ।"

BLACK EAGLE BOOKS

www.blackeaglebooks.org
info@blackeaglebooks.org

Black Eagle Books, an independent publisher, was founded as a nonprofit organization in April, 2019. It is our mission to connect and engage the Indian diaspora and the world at large with the best of works of world literature published on a collaborative platform, with special emphasis on foregrounding Contemporary Classics and New Writing.

www.ingramcontent.com/pod-product-compliance
Lightning Source LLC
Chambersburg PA
CBHW060619080526
44585CB00013B/902
* 9 7 8 1 6 4 5 6 0 5 3 2 4 *